儿童 脑力革命

Little Genius
Brain Evolution

嘉　莉 编著

成都时代出版社

The Best Brain
Is Trained

PART1

伟大的头脑
是训练出来的

"每个宝宝都是一个潜在的天才儿童，只是经常表现为不同的形式。"

"多元智能本身不是教育的目的，而是一种教育的手段。"

——霍华德·加德纳（"多元智能理论"之父，哈佛大学心理学、教育学教授）

加德纳博士的
多元智能游戏方案

Part 2   Multi-Intelligence Program from 1st Day
Games Developing Whole Brain

目录
Contents

PART 1

伟大的头脑
是训练出来的

Part 1 The Best Brain Is Trained

人类最伟大的发现之一，就是对大脑无限潜能的认识。

人类在未来面临的最重要的问题，就是对大脑潜能的充分开发。

——爱因斯坦

大脑发育是个人成长过程中最重要的一项活动，也是决定人的智商水平的关键因素。人的大脑发育与先天因素有着一定关系，但更重要的是在后天得到全面开发。每位父母在宝宝孕育出生时，便期冀能培养一个资质优秀的宝宝；而每个宝宝从出生之日起，就是一个对周围环境积极主动的探索者。如何延续他的探索欲？如何激发他的大脑发育？从这本书里，爸爸妈妈可以找到答案。

霍华德·加德纳教授被《纽约时报》誉为美国当今最有影响力的心理学家和教育学家。这位"多元智能理论"之父，更是天才宝宝的"造梦师"。他的多元智能理论被广泛地运用于美国教育中，美国特质教学联盟主席称："推动美国教育改革的首席学者，加德纳当之无愧。"《儿童脑力革命》即是将加德纳教授全脑多元智能理论引入育儿实践中，遵循0~3岁各个阶段宝宝发育的重点，通过静心设计的游戏与体验全面开发宝宝大脑，激发各项潜能，是风靡全球、最科学最有效的全脑育儿方法，是可以影响孩子一生的脑力启蒙训练。

《儿童脑力革命》给出了九个阶段、八大智能游戏方案，让宝宝越玩越聪明：

运动智能游戏，锻炼宝宝较好地控制身体，对事件能够做出恰当的身体反应，善于利用身体语言来表达自己；

音乐智能游戏，锻炼宝宝感受、辨别、记忆、改变和表达音乐的能力；通过空间智能游戏，锻炼宝宝感知物体及空间关系的能力；

语言智能游戏，锻炼宝宝用语言描述事件，表达思想，并提升与人交流的能力；通过数理智能游戏，锻炼宝宝运算、推理和逻辑思维能力；

内省智能游戏，让宝宝能够正确意识和评价自身的情绪、动机、欲望、个性、意志，并在此基础上形成自尊、自律和自制的能力；

社交智能游戏，使宝宝学会与人相处，觉察、体验他人情绪、情感和意图，并据此做出适宜反应的能力；

自然观察智能游戏，锻炼宝宝观察辨别外界环境的能力。

每个宝宝从出生的那一刻起，都具备着成为天才神童的契机，而决定权就掌握在爸爸妈妈手中。《儿童脑力革命》为父母开发宝宝脑力提供了科学完善、行之有效的方法。做一对智慧的父母，下一个天才宝宝的奇迹必将由此诞生。

每个孩子从出生的那一刻起，大脑便潜在具备着多元智能，并在之后的成长过程中不断成型与提升。由于宝宝在成长过程中，潜在的多元智能获得的开发程度不同，使得个体间拉开了差距。大脑多元智能开发的目的就是挖掘宝宝潜能，打开智慧的天窗。

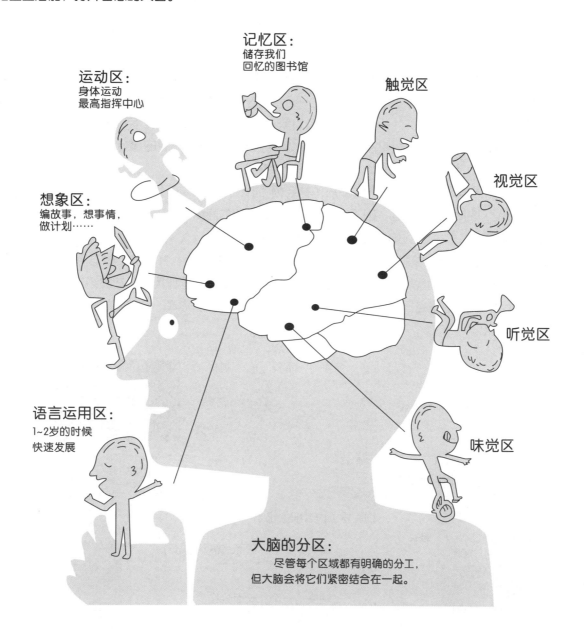

记忆区：
储存我们
回忆的图书馆

触觉区

运动区：
身体运动
最高指挥中心

视觉区

想象区：
编故事，想事情，
做计划……

听觉区

语言运用区：
1~2岁的时候
快速发展

味觉区

大脑的分区：
尽管每个区域都有明确的分工，
但大脑会将它们紧密结合在一起。

How is Einstein's Brain Different From a Normal Brain?
爱因斯坦的大脑与我们的一样吗?

据研究显示,每个人在出生时,大脑有着大致相近的构造,随着自身的发育和后天的教育,逐渐出现了各种各样的变化。那么,作为世界十大杰出物理学家之一,"相对论之父"爱因斯坦的大脑是否与我们的一样呢?

人的神经系统由脑、脊髓和它们所发出的神经组成,神经元则是它们的基本组成单位。人之所以是高等动物,是因为人能够利用大脑进行复杂的思维活动。大脑作为神经系统最高级的部分,由左、右两个大脑半球组成,两半球间有横行的神经纤维相联系。每个半球包括大脑皮层和髓质。

大脑皮层(大脑皮质):是表面的一层灰质(神经细胞的细胞体集中部分)。人的大脑表面有很多往下凹的沟(裂),沟(裂)之间有隆起的回,因而大大增加了大脑皮层的面积。

髓质:又称"白质",位于大脑皮层内部,由神经纤维所组成。

人的大脑皮层最为发达,是思维的器官,主导机体内一切活动过程,并调节机体与周围环境的平衡,所以大脑皮层是高级神经活动的物质基础。大脑神经系统在灰质和白质的共同作用下,在神经细胞之间形成连接的网络大脑回路,从而对内能协调各器官、各系统的活动,使它们相互配合形成一个统一的整体,对外使人们能适应外部环境的各种变化。

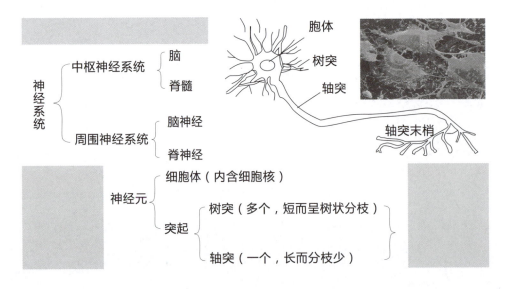

据英国《独立报》报道：阿尔伯特·爱因斯坦的大脑是人类中最好的大脑。科学家又发现，他的大脑不仅在处理概念方面具有独特的能力，在内部结构上跟常人也有很大不同。

美国和阿根廷的科学家通过对爱因斯坦大脑的深度研究，他们发现，爱因斯坦大脑左右半球的顶下叶区域比常人大15％，这些顶叶通常与空间意识、视觉意识以及数学能力有关系。同时，爱因斯坦大脑的每个神经元里都有非常多的神经胶质细胞，而且它们的数量多于常人，这说明他的大脑需要和使用了更多能量，使得它可能具备更强的处理问题的能力。

爱因斯坦

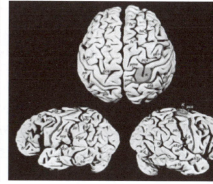
爱因斯坦大脑结构图

爱因斯坦的成功，很大程度上来自于他对于自己大脑的全面与合理利用，他也将对他而言有着独特意义的科学洞察力归功于早年的想象游戏。伟大的相对论正是大脑思维合力产生的产物，他在基于宇宙间的一些奇妙现象，引发出各种"不合逻辑"的猜想与设计，由此写出许多数字、方程式和词语，并最终得到验证，成就了一个天才学说。

智商是需要开发的，只有多动脑，才能激发大脑的潜能。大脑的成长是大脑内神经元细胞的生长和联系，越勤动脑，就能建立更多的联系，神经元细胞就会持续生长，大脑回路也就更加通畅。因此，常人的大脑只开发了百分之六或百分之七，而爱因斯坦的大脑却开发了百分之十。

爱因斯坦在拥有天赋的基础上从来没有疏于勤奋钻研，这激发和发展了他的天赋。所以尽管爱因斯坦拥有着较常人不同的大脑构造，但正如同他自己所言，"我没有任何特殊的才能，我拥有的只是极其强烈的好奇心"。如果没有后天的培养和个人的努力，天才也难拥有超人的智慧。

由此可见，人的大脑发育与先天因素有着一定关系，但更重要的是在后天得到全面的开发。大脑发育是个人成长过程中最重要的一项活动，也是决定人的智商水平的关键因素。这项过程，从还在妈妈腹中时期的胎儿便已经开始了。宝宝出生后，大脑就进入了质量与体积增长的时期，由神经细胞连接的"突触"也开始形成，并不断发展，大脑回路也从此时开始以一定速率进行运转。

每位父母在孕育宝宝时，便期冀着能培养出一个资质优秀的宝宝。在0~3岁时，宝宝大脑的思维能力还没有发育完全，大脑内部各个部位和机能处于形成和发展的黄金阶段。此时如果能及时给宝宝丰富的视听触觉、运动和平衡等环境刺激，宝宝脑神经树的生长和神经树的连接（突触）将会增多，神经细胞之间连接的网络（回路）建立也将更健全、更稳固，大脑发育也将更加高效迅速。

Brain Evolution: Dr. Gardner and Multiple Intelligence Theory
脑力革命：哈佛教育心理学家加德纳与全脑多元智能开发

国外一些经济学家大量调查研究结果显示，没有一种投资比投资宝宝的大脑潜能开发有更大的社会效益和经济效益。因为有效地进行一年的全脑开发计划，可使宝宝将来的薪资收入提高2.5倍。

0~3岁更是脑部及智力发育最宝贵的黄金时期，也深切影响着宝宝未来智力潜能的发展，且年龄越小，发展越快。伟大的头脑是训练出来的，只有从0岁开始全脑开发，才是不失时机的教育方式，才是造就天才宝宝的法宝！

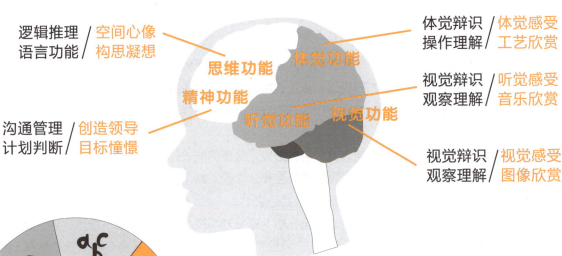

大脑结构图

全脑多元智能展示

因为每个宝宝的发育特征与优势不尽相同，所以需要施以相应的教育。世界著名教育心理学家、哈佛大学教授霍华德·加德纳，经过多年来对人类潜能的大量实验研究，创新性地提出了一种有关人类智力结构的理论——"全脑多元智能"理论。

解读全脑多元智能理论

全脑多元智能理论（The Theory of Multiple Intelligences，简称MI），由美国哈佛大学教育研究所发展心理教授霍华德·加德纳博士（Howard Gardner）于1983年首次提出。该理论颠覆了传统的智力观念，不再认为智能只是单一的逻辑推理或语文能力，而是"在某一特定文化和社群中，所展现出的解决问题或制作生产的能力"。

从宝宝出生到不断长大，在个人发展的过程中，每一个体的智能各具特点，个体智能的发展方向和程度受环境和教育的影响和制约，而多元智能理论最重视的是多维地看待智能问题的视角。

加德纳博士认为，每个个体身上相对独立存在着八种智能。八大智能与特定的认知领域和知识领域相联系。

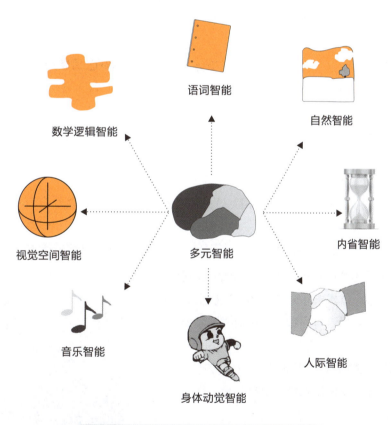

数学逻辑智能
语词智能
自然智能
视觉空间智能
多元智能
内省智能
音乐智能
身体动觉智能
人际智能

（霍华德·加德纳"全脑多元智能"理论）

● **言语 – 语言智能（Verbal–linguistic intelligence）**

听、说、读、写的能力：个人能够顺利而高效地利用语言描述事件、表达思想并与人交流的能力。

● **音乐 – 节奏智能（Musical–rhythmic intelligence）**

感受、辨别、记忆、改变和表达音乐的能力：个人对音乐包括节奏、音调、音色和旋律的敏感以及通过作曲、演奏和歌唱等表达音乐的能力。

● **逻辑 – 数理智能（Logical–mathematical intelligence）**

运算和推理的能力：对事物间各种关系如类比、对比、因果和逻辑等关系的敏感以及通过数理运算和逻辑推理等进行思维的能力。

● **视觉 – 空间智能（Visual–spatial intelligence）**

感知物体的空间关系并借此表达思想和感情的能力：对线条、形状、结构、色彩和空间关系的敏感，以及通过平面图形和立体造型将它们表现出来的能力。

● **身体 – 运动智能（Bodily–kinesthetic intelligence）**

运用四肢和躯干的能力：能够较好地控制自己的身体、对事件能够做出恰当的身体反应，以及善于利用身体语言来表达自己的思想和情感的能力。

● **自知 – 内省智能（Intrapersonal intelligence）**

认识、洞察和反省自身的能力：能够正确意识和评价自身的情绪、动机、欲望、个性、意志，并在此基础上形成自尊、自律和自制的能力。

● **交往 – 社交智能（Interpersonal intelligence）**

与人相处和交往的能力：觉察、体验他人情绪、情感和意图并据此做出适宜反应的能力。

● **自然观察智能（Naturalist intelligence）**

观察辨别外界环境的能力：辨别自然及人造环境的特征，并加以分类和利用的能力。

八大智能从宝宝出生伊始便逐渐表现。根据现代科学研究显示，每个宝宝从出生之日起，就是一个对周围环境积极主动的探索者，他们对这个世界充满着好奇与兴趣，迫不及待地想要与周围的一切亲密接触。

爸爸妈妈不应忽视宝宝生而有之的潜能，对于初生的宝宝，如果不给予丰富的环境刺激，促使这些潜能发挥出来，那么其潜能就会消退，难以激发。

天才还是庸才，由全脑智能开发决定

人的大脑神经细胞之间，通过突触进行连接形成网络，从而完成大脑的运行，这种网络也就是大脑回路。此回路位于眶额前脑皮层（orbital frontal cortex，OFC）区域，也就是正好在眼睛的后面。通常情况下，大脑通过刺激，使神经纤维互相连接，形成路径。

大脑回路在很大程度上决定着大脑的运转状况，当人对自己的行为做出决策时，该大脑回路就会把看到的和其他决策相关信息进行编码。人的正常思维就是靠脑神经元之间的神经冲动相互联系产生的复杂生理现象。

来自外界的刺激越多，回路越多越牢固，大脑结构更为精密细致。而根据研究表明，打开回路的最佳时期为0~3岁，6岁后脑回路停止生长。如果在宝宝敏感期得不到相应的刺激，已生成的回路将变为细小路径，信息难以传递。

3岁前的宝宝最重要的任务不是学习知识，而是打开脑回路，以便于在未来能够学习更多的知识。所以，爸爸妈妈要在基于打开大脑回路的前提下，对3岁前的宝宝进行全脑开发训练。

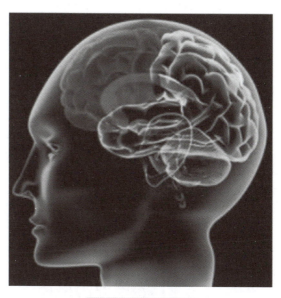

大脑神经回路图

- 开发宝宝的左脑与右脑，激发全脑潜能。
- 训练和培养宝宝的形象思维、逻辑思维能力。
- 培养和促进宝宝的注意力、记忆力、想象力、模仿力。
- 加强宝宝大脑对外界的感知力、理解力、判断力、创造力等学习能力的开发。
- 有效培养宝宝的毅力、意志等优良品质，促进幼儿智商与情商的全面发展。

通过这样全脑多元智能开发训练，全面打开宝宝的大脑回路，使宝宝诸多方面的能力得到大大增强。不仅如此，在训练中，还能全方位培养宝宝的毅力、意志等优良品质，从而进一步促进宝宝个性、身心的健康发展。

Games + Experiencing = Effective Brain Development
游戏+体验=最有效最科学的全脑多元智能开发

在人类发展过程中，世界众多教育专家一致认为，游戏是"智慧的法宝"。全脑游戏，就像一把开启智慧之门的金钥匙，是帮助0~3岁宝宝成长最合适的教育方法，与生长发育所必需的"维生素"拥有同等重要的地位。

处于生命初始阶段，0~3岁的宝宝最重要的工作莫过于玩耍，在游戏中感知这个世界的种种新鲜与奇妙，培养语言、认知、音乐、感官、社交等诸多能力，同时锻炼体能，塑造完美人格。而这个过程，也就是大脑回路形成的重要部分。

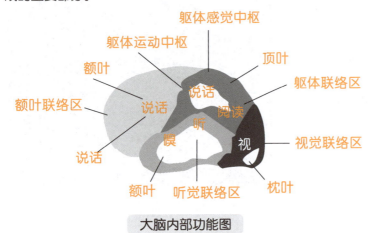

大脑内部功能图

脑回路决定着大脑各个器官的功能实现，游戏就是很好的催化剂。

爱因斯坦曾说过："人类最伟大的发现之一，就是对大脑无限潜能的认识。人类在未来面临的最重要的问题，就是对大脑潜能的充分开发。"选择适合与恰当的游戏，促进宝宝大脑回路的开发，使宝宝在感官认知、身体发育、语言、人际关系及动手操作等方面感受刺激，让宝宝在快乐的游戏中全面发展智能，以此把潜能和力量发挥出来。

同时，游戏是自由、轻松、愉快的活动，是宝宝乐于参与的项目，只有在游戏中宝宝才能更主动地、自觉地接受教育。通过全脑开发游戏可让宝宝在欢乐的玩与学中，培养出健康的身心、良好的习惯和性格，进而锻炼出强大的生存能力，去实现生命存在的价值。

因此，全脑多元智能开发的重中之重便是：对于0~3岁的宝宝而言，"游戏+体验=学习"。快乐游戏，绝佳体验，轻松学习，大脑完美发育实现于无形之间。对于伴随宝宝成长的父母而言，3岁前的早教就是尽情陪宝宝玩耍。

Parents is the Best Brain Teachers for Kids
爸爸妈妈是宝宝最好的脑力开发师

爸爸妈妈是宝宝降生于这个世界首先见到的至亲，并在之后很长的一段时间都陪伴着自己成长的人。所以，要对3岁前的宝宝进行最合适的全脑多元智能教育，爸爸妈妈是最佳人选。

与宝宝一起做游戏，让宝宝在爸爸妈妈的鼓励和参与下，完成有针对性的智能开发训练，这是爸爸妈妈与宝宝第一次亲密接触的绝佳方式，也是帮助宝宝早期智力与潜能开发的一个重要过程。

然而，对宝宝进行大脑开发教育的目的，并不在于要将一个宝宝培养成为超级天才，而是通过感官和亲身体验，挖掘出宝宝身上的各种潜能，使他拥有更多的经验。对0~3岁的宝宝而言，学习就是建立在游戏与体验的过程中的。

在这个阶段，宝宝年龄还小，对各种知识性的东西吸收有限，不能将这些硬性塞给他。然而，爸爸妈妈可以在陪伴宝宝学习成长的过程中，巧妙打开大脑回路，灵活刺激大脑运转，促进左右脑协调发展，从而培养他对世界的感知、适应能力，让宝宝从中更能体验事物的多面性，从而更好地接受新鲜事物。

对古今中外成功人士的深入分析，我们不难发现，他们的家庭教育存在着令人惊奇的相似规律，那便是他们几乎都接受过成功的早教，脑教更是其中的重要方面。从他们身上，我们可以看到"永远没有所谓天赋神童，而只有意志坚强的家长"。

所以，每个宝宝从出生的那一刻起，都具备着成为天才神童的契机，决定权就掌握在爸爸妈妈手中。天才的大脑，只能由爸爸妈妈给予，做一对智慧的爸爸妈妈，下一个天才宝宝的奇迹必将由此诞生。

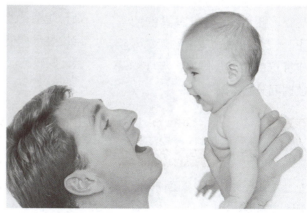

Inception Plan: 0~3 Years Old Multi-Intelligence Development
0~3岁宝宝的全脑多元智能开发初计划

反射期

宝宝此时1天24小时几乎都在睡眠中度过，平时主要进行一些在妈妈体内就已经形成的活动，如"吸入反射"、"握手反射"、"闭眼反射"、"哭泣"等。

翻身期

宝宝在侧卧状态下可以翻身，且已形成一定的注意力，可看到60厘米以外的实物。并能明确辨别妈妈的声音，还能发出"噗噗、咕咕"等含糊的声音。

脖子固定期

在这个阶段，宝宝先天的反射活动逐渐减弱，开始产生自发性反应。同时，对周围的世界开始表现出兴趣，喜欢对周围事物及动作进行模仿。

 1 → 2 → 3 → 4 → 5 → 6

出生脑重=400克

刚出生的宝宝，脑重是成人的25%，大脑回路还不能正常运转。主要为视觉-空间智能发展期。

6个月时脑重=600克

此时宝宝的脑重约占成人脑重的50%，大脑各个机能逐渐成长，此时主要为音乐-节奏智能开发时期。

坐立期

等宝宝脖子固定并能够坐立后，他们会在爸爸妈妈的引导下，开始尝试一些需要活动双手来完成的游戏。同时，宝宝醒着的时间开始逐渐变长。

爬行期

学会翻身动作之后，宝宝逐渐开始懂得爬行。与此同时，其自发性动作的逐渐增加，偶尔也会让妈妈感到烦恼。

站立期

这个阶段，宝宝能进行短时间站立。同时，他们的记忆力开始增强，产生逻辑思维能力，开始对外界产生好奇感。发音会更准确，还能听懂简单的句子。

 7 → 8 → 9 → 10 → 11 → 12

9个月时脑重=750克

宝宝已经具备基本的动作能力，主要为肢体-动作智能发育期。

12个月时脑重=800克

宝宝大脑灵敏度发育的关键阶段，主要为语言智能及音乐智能开发期。

霍华德·加德纳教授被《纽约时报》称为"美国当今最有影响力的发展心理学家和教育学家"。这位"多元智能理论"之父，更是天才宝宝的"造梦师"。下面这套计划即是加德纳教授将全脑多元智能理论引入育儿实践中，遵循各个阶段宝宝发育的重点，通过游戏与体验，唤醒智能总结出来的，是目前国际上最完善、最科学的智力开发游戏方案。

学步期

宝宝可以独自走路了，而且能牵着妈妈的手上下楼梯。虽然还不会说话，但能理解10~20个词汇的意思，并说出5个左右的词汇。

思维期

宝宝不仅能自由行走，发育得快的还能学会跑步。宝宝开始形成预测各种状况和解决问题的能力，探索和思考能力逐渐成熟。

➡ 13 ➡ 15 ➡ 18 ➡ 20 ➡ 12 ➡ 24

2岁时脑重=1200克

宝宝大脑思维能力发展的关键阶段，主要为逻辑–数学及自然观察智能开发期。

阅读期

在这个时期，宝宝身体调节能力越来越强，大肌肉和小肌肉的活动比较灵活，能玩较复杂的游戏。可以掌握300个左右的词汇，还可以阅读简单的文字。

社交期

宝宝的大脑开发在这个阶段，达到一定的程度，产生了一定的判断能力，能进行简单的思考，情绪比较复杂，逐渐具备最简单的社交需要，并能遵守基本的规则。

3岁时脑重=1400克

宝宝社会交往需求的关键阶段，主要为人际智能、内省智能开发期。

MULTI-INTELLIGENCE PROGRAM FROM 1ST DAY GAMES DEVELOPING WHOLE BRAIN

PART2

加德纳博士的
多元智能
游戏方案

嗷嗷待哺时，感受新鲜，体会来自妈妈最好的爱。

咿呀学语时，以声传意，让语言与音乐无处不在。

蹒跚学步时，全身互动，身体动作全面活跃。

自觉探索时，五感互通，给观察自然提供一个最佳的机会。

尽情创作时，空间激荡，任由创造力无限驰骋。

尝试阅读时，图文并用，做个爱看书的乖孩子。

学着计数时，思维串烧，争当数学逻辑的小天才。

独立思考时，头脑风暴，内省与人际成就无敌宝宝。

......

　　作为世间最复杂的构造，宝宝的大脑就像一座特殊的城池，各个部位各司其职，各个关口互通有无。全脑游戏便是自由穿行其中的忠诚小兵，让全脑智能在不同的发展阶段都各得要领，与宝宝一起快乐成长！

Newborn : 0~30 Days Old
新生儿：出生~30天

基本技能表现

多数宝宝能做到
- 俯卧时能抬起头
- 能对声音作出反应
- 可以盯着人的脸看

半数宝宝能做到
- 用眼睛短暂地追视物体
- 能发出"呜呜"或"啊啊"的声音
- 能看黑白图案

少数宝宝能做到
- 会微笑，笑出声
- 能将头抬起45°
- 能进行简易模仿

　　新生儿出生后，身体的各个感官都渐渐活跃起来，开始具备基本的视、听、触、味、嗅觉五感，但仍处于初级阶段，有待外界更多的刺激来进行提升。针对出生30天的宝宝，主要为视觉-空间智能发展期，全脑开发的重点是，让宝宝的各个感官细胞活跃起来，尤其注意锻炼他的视觉能力和触觉敏感性。

睁开眼睛看世界：视觉能力的最初启蒙

宝宝一生下来就有视力，但由于视觉皮层神经细胞还没有发育成熟，所以并不具备视觉。新生的小宝宝看到的只是光线和影像晃动，他们的最佳焦距是20~38厘米之间。但宝宝的视觉随时随地都在发展中。

训练重点

◎ 对世界的最初感知

◎ 通过注视练习，促进视觉神经发育

 视觉初感 "宝宝，我是妈妈"

效果：接受最初的视觉刺激，让宝宝的美好人生从认识妈妈开始。

PLAY：

◎ 妈妈在距离宝宝大概30厘米处，与宝宝对视。

◎ 与宝宝对视的同时告诉他"我是妈妈"，让宝宝有初步的视觉感知。

◎ 直到宝宝两眼能够同时注视自己。接下来每日重复练习3~5次。

大脑·小·课堂

宝宝刚出生时，视线不存在焦点，只会东张西望。此时，把人或物体置于视线内的某一点，引导宝宝进行注视，这样将有利于宝宝逐渐增强观察能力，从而增强视觉-空间智能。

光感体验 一闪一闪亮晶晶

效果： 帮助宝宝锻炼眼睛的接受能力，从而更好地适应环境。

PLAY：

◎在房间里摆设闪烁的小灯，例如圣诞树上的小灯泡。

◎每天将小灯开启四次，每次数分钟。

◎对小灯进行开关的同时，配合声音的引导，如，"宝宝看，灯关了哦"。

吮吸+握持小练习：原始反射初运用

原始反射指人类婴儿具有的先天反射，不受意识控制。宝宝出生开始，便具备着觅食、吸吮、握持等原始神经反射行为，爸爸妈妈应当利用宝宝的这些反射，教会宝宝相应的正确方法，同时开发宝宝最初的身体–动作智能。

训练重点

◎学会自发地进行吮吸的方法　　◎培养宝宝的积极性

◎教授宝宝握拳的方法　　◎培养宝宝用手抓握物体的能力

大脑小课堂

吮吸是宝宝获得生命能量的第一技能，牢固握物是锻炼手的第一种技巧，爸爸妈妈应当在宝宝出生的一个月内就让宝宝开始练习。

觅食吮吸反射 张开小嘴来吮吸

效果： 让宝宝学会正确地吮吸母乳的方法，提升宝宝的味觉感知能力。

PLAY：

◎用手指或乳头轻触新生儿的口角或面颊部，促使宝宝将头转向被触摸的这一侧。

◎将乳头或手指放在宝宝两唇之间或口内，当宝宝张嘴时，妈妈身体略微向后仰，使宝宝主动靠近乳房，更加用力地吮吸。

◎哺乳初期，尽量保证妈妈与宝宝进行腹部对腹部的接触。

握持反射 动动小手来抓握

效果： 使宝宝适应"握持反射"，对宝宝进行握拳与张手引导。

PLAY：

◎将小木棍等棒状物放在宝宝的手掌上，刺激拇指以外的其余四指，让宝宝四指并拢呈握拳状，同时确保拇指位于其余四指的外侧。

◎宝宝双手握拳后，可对宝宝的手背适当刺激，进行手掌张开的动作练习。

◎注意让宝宝握拳、张开动作持续的时间保持一致，最好控制在3~5秒内。

小耳朵用起来：听觉能力初开发

宝宝刚从妈妈的腹中来到这个世界，此时他大多数时候都处于睡眠状态，但他的听觉神经却从未停止活动。虽然宝宝在胎儿时期便能感知到各种声音，但毕竟与现实中的有着明显的不同。所以，妈妈要利用这个特殊的阶段，有效地开发宝宝的听觉能力，让宝宝能做个自然声音的捕捉者。

训练重点

◎巩固胎教时期的听觉能力　　◎树立宝宝听觉意识

妈妈的摇篮曲

效果： 让宝宝在睡眠中聆听来自妈妈的声音，从而增强声音与音乐的感知能力。

PLAY：

◎当宝宝吃饱准备进入睡眠状态时，妈妈轻轻地拍打宝宝的身体，同时轻轻地自由哼唱一些柔和的曲调。

◎或直接播放轻柔的音乐，跟着一起唱给宝宝听。宝宝能在妈妈的摇篮曲中体会到一种特别的安全感，从而安心地入睡。

大脑小·课堂

在初生宝宝的小小世界里，妈妈便意味着全部的温暖与力量。多同宝宝进行声音游戏沟通练习，将使宝宝逐渐适应这个世界。妈妈发声时，要注意轻柔，富有感情。

神奇八音盒

效果：让宝宝在有意或无意的音乐感知中增强听觉能力，同时训练他的抓握能力。

PLAY：

◎准备一些柔和的发声玩具，如音乐旋转玩具、八音盒等。

◎打开发声玩具，让宝宝听到美妙的音乐，以复习胎教音乐，巩固音乐记忆，同时启迪右脑欣赏美的功能。

◎宝宝清醒时，逗引宝宝抓握玩具，巩固其抓握能力。

美妙的肌肤抚触操：锻炼身体的最原始感知

新生宝宝具备基本的触觉，所以能用身体对外面的世界进行最原始的感知。1个月内宝宝的触觉来源尤以妈妈的轻抚与按摩为主。

训练重点

◎锻炼新生宝宝的触感
◎提升对触觉的感知与理解能力

大脑小·课堂

轻柔的触碰与肢体动作，可以有效地刺激宝宝的末梢神经，还有助于他身体知觉能力及身体–动作智能的发展。0~1个月的宝宝，身体的每寸肌肤都是十分娇嫩的，给宝宝按摩时，动作一定要轻柔。

局部按摩

头部胸部小按摩

效果： 按摩宝宝的头部与胸部，使宝宝能尽快自如地活动。

PLAY：

◎ 从前额中心处用双手拇指往外推压，划出一个微笑状。在眉头、眼窝、人中、下巴处同样用双手拇指往外推压，划出一个微笑状。

◎ 一手托住宝宝的头，用另一只手的指腹从前额发际向上、向后滑动，至后下发际，并停止于两耳后乳突处，轻轻按压。

◎ 双手放在宝宝两侧肋缘，右手向上滑向右肩然后复原，左手以同样方法进行。

手臂腿部轻轻抚

效果： 给宝宝四肢进行按摩，增强宝宝手部、脚部的活动能力。

PLAY：

◎ 双手从上臂滑动至宝宝的双手，再移向指尖，双手同时运行。

◎ 两手食指和拇指成圈状套在婴儿手臂上按揉并转动，同时轻轻往下滑动，至腕处停止。两手交替进行。

◎ 一只手托住宝宝的手腕，掌心朝上；另一只手的拇指从掌根向指尖滑动，两手交替进行。

◎ 张开双手，利用大拇指来回按摩宝宝的双腿，从腿部到脚踝位置。

◎ 活动宝宝的每个脚趾，进行轻轻慢揉或按压。

全身按摩

全身按摩最舒服

效果：让宝宝放松全身，通过手脚的活动，增强全身活动能力与肌肉张力。

PLAY：

◎以顺时针方向绕圈的方式，轻轻地对宝宝的腹部进行按摩。

◎爸爸妈妈将自己的手从宝宝的腰际滑向大腿两侧。按摩范围逐渐扩展到全身上下，之后托住宝宝的头，将他翻过身来。

◎继而用比较缓慢的绕圈动作，小心轻柔地按摩宝宝的背部与脊椎。

◎在宝宝比较开心的状态下，爸爸妈妈可用逗玩的方式，轻捏宝宝的小屁股。

全身放松好自然

效果：让宝宝放松全身，通过手脚的活动，增强全身活动能力与肌肉张力。

PLAY：

◎慢速使宝宝的手臂完成屈伸动作，以相同的方式屈伸宝宝的双腿。

◎托起宝宝的头和颈部，同时温和地将宝宝的身体拉起，进行简单的引体向上。

◎准备一个半充气状态的大海滩球，让宝宝躺在上面，爸爸妈妈轻轻弹压球身，帮助宝宝完全放松全身。

俯卧+抬头：脖子固定的初步阶段

　　俯卧抬头可让宝宝更早地进入脖子固定期，早一步获得仰卧姿势所不能感受到的刺激。宝宝自出生后几天就可以俯卧，但是30天内的宝宝俯卧时还不能自己抬起头，进行的一般都是本能的挣扎，所以需要爸爸妈妈的帮助与引导。

训练重点

◎锻炼宝宝颈部、背部的肌肉力量　　　◎让宝宝接受较多的外部刺激

◎增加宝宝的肺活量　　　　　　　　　◎使宝宝能较早地正面面对世界

俯卧的宝宝最可爱

效果： 让新生宝宝与爸爸妈妈亲密接触，尝试俯卧的美好体验。

PLAY：

◎在爸爸妈妈起床前，让睡醒的宝宝自如地趴在爸爸妈妈身上。

◎爸爸妈妈用双手托住宝宝的脸，让宝宝可以与爸爸妈妈对视，并慢慢练习将头微微抬起。

◎一般到7~10天左右，宝宝学会听声转头时，可让宝宝自己俯卧在大床上练习了。

看，宝宝能抬头了

效果： 让宝宝在自由俯卧的基础上进行抬头练习，同时训练其视觉能力。

PLAY：

◎保持床面平坦、舒适，在宝宝空腹且清醒的状态下，让宝宝自由俯卧在上面。

◎选择一些色彩鲜艳，或能发出响声的玩具，爸爸妈妈将其拿到宝宝面前，并以话语进行引导，从而让宝宝追逐声音及物体，努力试图抬头观望。

◎当宝宝成功抬头时，爸爸妈妈可将玩具转换位置，从宝宝的眼前缓缓地分别向左、右移动，让宝宝的头跟着玩具的方向转动。

宝宝看，在这边！

大脑小·课堂

　　爸爸妈妈在同宝宝游戏时，要考虑宝宝的情绪，切忌太过急切，每次训练自30秒开始逐渐延长，每天练习3~4次，每次俯卧时间不宜超过两分钟。当宝宝能逐渐抬头的同时，爸爸妈妈可轻拍其背部，进行协助训练。

模仿练习：做个天生的表演小能手

　　模仿是宝宝出生后就具有的一种学习能力，一般两周后，他便能进行简易的模仿。宝宝看到近旁的人有张嘴、伸舌头等动作时，不自觉地会联想到自己的身体相应部位，并以神奇的面部表情和动作表现出来。

训练重点

◎锻炼宝宝的观察能力
◎进一步促进宝宝的大脑发育
◎增强表现能力与感受能力
◎发展宝宝的肢体动作

身手动作模仿

　　效果：活跃宝宝的头部与胸部，使宝宝能尽快自如地活动。

　　PLAY：

◎妈妈抱着宝宝，说"小脑袋，摇一摇"，同时做摇头动作，鼓励宝宝模仿。
◎妈妈说"小手指，挠一挠"，同时用手做抓挠的动作，一边说一边握着宝宝的手腕引导宝宝模仿。
◎当宝宝完成相应的模仿动作，妈妈应对其进行适当的夸赞，表扬"宝宝真棒"或亲亲宝宝的小脸蛋。

啊——

面部表情模仿

效果：增强宝宝的视觉专注与大脑感知能力。

PLAY：

◎ 宝宝在清醒状态下，妈妈位于距宝宝面部20~25厘米处，引导宝宝进行对视。

◎ 妈妈张大嘴，发出亲切的"啊——"声，每隔20秒一次，引导宝宝模仿。

◎ 当宝宝会张嘴后，妈妈慢慢重复伸舌动作6~8次，引领宝宝学着运动他的小舌头。

◎ 妈妈说"小眼睛，眨一眨"，同时眨眼，请宝宝模仿。

◎ 妈妈做其他的多种表情，让宝宝能慢慢感知，进而模仿面部动作或自行微笑。

大脑小课堂

模仿是大脑镜像神经元系统在发挥着重要作用。此系统可以协助宝宝对运动或行为进行模仿。宝宝出生2~3周是其活动的活跃阶段，所以在这个时期进行模仿能力的游戏训练，将对大脑的刺激发育产生良好的效果。

情绪能力：感知来自妈妈的爱

每个宝宝自出生之日起，便具备情绪感知能力，并逐渐学着用多种方式予以表达。所以妈妈在与宝宝进行最初的相处时，应当照顾宝宝的情绪能力，在对宝宝做任何行动前都要告知宝宝，这也是对宝宝语言智能的初步开发。

训练重点

◎ 锻炼新生宝宝的情绪感知能力
◎ 提升宝宝对语言的初步理解能力

 情感互递 开口笑一笑

效果：妈妈在与宝宝的笑容互动中，培养一个爱笑的宝宝。

PLAY：

◎ 宝宝在清醒状态时，妈妈抱着宝宝轻轻地前后摇摆。
◎ 随着摇摆的幅度，轻轻地用食指抚摸宝宝嘴边的皮肤，鼓励宝宝，"一、二、三，笑一笑"。
◎ 经过反复练习，宝宝逐渐能够形成微笑反射，会做出微笑动作，妈妈记得要及时回应，并给予夸赞，如，"嘿，宝宝笑了，宝宝真棒"等。

妈妈无处不在

效果： 让宝宝感知到来自妈妈无处不在的爱，从小养成信任别人的习惯。

PLAY：

◎当小宝宝有需要的时候，妈妈要立即照顾他，避免让宝宝长时间独自哭泣。

◎主动逗弄、拥抱宝宝，不要等到他哭了才去哄他。

◎在换尿布、喂奶和洗澡时，有意识地告知宝宝妈妈在，并抚摸他的身体，说妈妈爱他。

◎进行母乳喂养时，可与宝宝进行交流，逗逗宝宝，与宝宝说说话，并相互用眼睛传递情感。

"宝宝，我们来聊天吧"

效果： 从刚出生时开始，培养宝宝的预测能力。

PLAY：

◎妈妈用柔和、明快的声音同宝宝进行对话，注意说出完整、正确的句子。

◎待宝宝发出他特有的婴儿声时，如"咯咯"声、咂舌声或弹舌声，妈妈模仿宝宝的声音给他听。

◎看着宝宝的眼睛说话，使宝宝清楚地看到妈妈的嘴形，而且要尽量张大嘴，清晰地发音，从而让宝宝通过妈妈的声音和嘴形传递正确的发音。

大脑小课堂

　　1个月内的宝宝还不能完整理解各种单词、句子的含义，但大脑语言区已经开始发挥作用，能为此后的语言理解、动作发生做好一定的准备。通过这样的游戏训练，能加速宝宝的大脑运转，从而使宝宝更好地进入下一个阶段的成长。

"宝宝，我们要开始啦"

效果： 从刚出生时开始，培养宝宝对活动及对具体实物的认知能力，并在练习中不断增强宝宝的预测能力。

PLAY：

◎在给宝宝喂奶、换尿布时，妈妈要明确地告知宝宝，如"宝宝，妈妈要帮你换尿布（喂奶）了"；"我们要开始啦"……并将具体的实物展示给宝宝看。

◎带宝宝出门散步或者进行其他活动时，也要跟宝宝说明，并对常见的一些基本物体进行指明。

◎每项活动之前，都以宝宝的名字开头，让宝宝对自己的名字产生敏感性。

Babies When Can Roll Over: 1~3 Months Old
翻身期： 1~3个月

基本技能表现

多数宝宝能做到
- 能发出"咯咯"、"咕咕"的声音
- 会在逗弄时大笑
- 眼睛可以在视力范围内看见事物

半数宝宝能做到
- 认得妈妈的声音、会吐泡泡
- 能做小型俯卧撑
- 动作更平稳连贯

少数宝宝能做到
- 能从俯卧翻身到仰卧
- 听到大响声时，会转过头去寻找
- 能把双手放在一起，用手拍打玩具

　　宝宝迅速生长发育，全身肌肉力量不断增强，慢慢能够翻身、蜷缩，也为之后的爬行、坐立等大动作技能打下基础。此时的游戏重点是继续提高视觉和听觉能力，同时加强音乐–节奏智能开发，并慢慢培养宝宝的身体–运动智能。

学习倾听：声音的感知与分辨

宝宝自出生开始，便已经具备听觉能力，且在成长的过程中，逐渐增强倾听的本能，对周围的各种声音都会怀有好奇感，也会渐渐辨识不同的声音，并表达出自己的喜好。

训练重点

◎ 对宝宝听觉能力的开发
◎ 加强听觉感知与辨识能力训练

哪里来的声音?

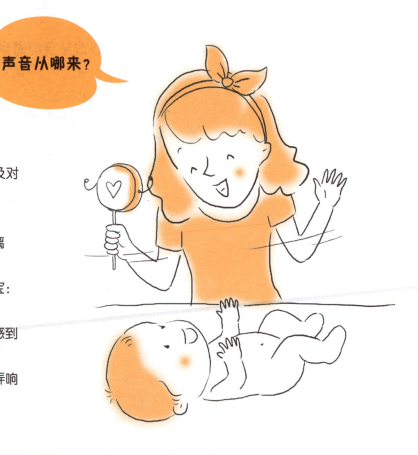

声音从哪来?

效果： 识别声音，培养宝宝听力技能，以及对事物因果关系的理解。

PLAY：

◎ 收集一些能发出声音的东西，例如蜡纸或玻璃纸，或能发出声响的玩具。
◎ 将这些东西分别弄出声响给宝宝听，并问宝宝："听听声音从哪来的呀？"
◎ 及时地变换各种响声的顺序，使宝宝不断地感到惊喜。
◎ 将发声的物体放到宝宝手中，指引宝宝自己弄响它们。

大脑小课堂

刚出生一个月的宝宝，很大一部分时间还是用于睡觉的，但他对声音有一种与生俱来的敏感，也十分喜欢得到别人的关注，并对外界表达着自己独有的回音。这就需要爸爸妈妈进行恰当的引导与帮助。

Babies When Can Roll Over: 1~3 Months Old
翻身期： 1~3个月

基本技能表现

多数宝宝能做到

·能发出"咯咯"、"咕咕"的声音

·会在逗弄时大笑

·眼睛可以在视力范围内看见事物

半数宝宝能做到

·认得妈妈的声音、会吐泡泡

·能做小型俯卧撑

·动作更平稳连贯

少数宝宝能做到

·能从俯卧翻身到仰卧

·听到大响声时，会转过头去寻找

·能把双手放在一起，用手拍打玩具

　　宝宝迅速生长发育，全身肌肉力量不断增强，慢慢能够翻身、蜷缩，也为之后的爬行、坐立等大动作技能打下基础。此时的游戏重点是继续提高视觉和听觉能力，同时加强音乐-节奏智能开发，并慢慢培养宝宝的身体-运动智能。

学习倾听：声音的感知与分辨

宝宝自出生开始，便已经具备听觉能力，且在成长的过程中，逐渐增强倾听的本能，对周围的各种声音都会怀有好奇感，也会渐渐辨识不同的声音，并表达出自己的喜好。

训练重点

◎ 对宝宝听觉能力的开发
◎ 加强听觉感知与辨识能力训练

哪里来的声音?

效果： 识别声音，培养宝宝听力技能，以及对事物因果关系的理解。

PLAY：

◎ 收集一些能发出声音的东西，例如蜡纸或玻璃纸，或能发出声响的玩具。
◎ 将这些东西分别弄出声响给宝宝听，并问宝宝："听听声音从哪来的呀？"
◎ 及时地变换各种响声的顺序，使宝宝不断地感到惊喜。
◎ 将发声的物体放到宝宝手中，指引宝宝自己弄响它们。

声音从哪来?

大脑小课堂

刚出生一个月的宝宝，很大一部分时间还是用于睡觉的，但他对声音有一种与生俱来的敏感，也十分喜欢得到别人的关注，并对外界表达着自己独有的回音。这就需要爸爸妈妈进行恰当的引导与帮助。

跟妈妈来模仿

效果： 通过妈妈对宝宝声音的重复，增强宝宝对声音的感知，也有利于促进其语言能力的开发。

PLAY：

◎ 有意识地与宝宝说话。

◎ 当宝宝发出婴儿特有的声音时，如"咯咯"、"咕咕"，妈妈进行模仿回应。

◎ 说话的同时，妈妈也可制造一些新的声音，吸引宝宝的注意力，让宝宝跟着模仿。

音乐小精灵：音乐节奏感知能力培养

摇篮曲是妈妈给宝宝的第一种音乐，伴随着轻轻的哼唱，宝宝乖乖地进入睡眠状态，感知音乐节奏带给自己的最初美妙的感觉。这个时期的宝宝，对语言的理解是有限的，更多的是一种感受的传递，这个时期应多多开发他的音乐–节奏智能。

训练重点

◎ 锻炼宝宝的音乐感知能力

◎ 培养宝宝的节奏感

我与妈妈听音乐

效果： 让宝宝感受妈妈的声音，训练其辨别不同声音的能力。

PLAY：

◎ 选择一些专为这个年龄段宝宝设计的大脑开发音乐CD，注意旋律要轻快与舒缓。

◎ 音乐响起来，妈妈抱着宝宝坐立，引导宝宝关注声音来源并安静地倾听。

◎ 妈妈轻轻地跟着旋律哼唱，歌词可无实际意义，以此锻炼宝宝的语言发展。

开始跳舞了。

跟着妈妈跳两步舞

效果：给宝宝最初的节奏变化训练，提升宝宝的节奏感，让宝宝更开心。

PLAY：

◎挑选一些节奏感稍强的舞曲，如拉丁舞曲、民乐、流行音乐等。

◎让宝宝面朝下横躺在妈妈手臂上，一只手轻轻托起宝宝的肚皮，另一只手放在宝宝背上保证安全。

◎或让宝宝脸部朝前"坐着"，妈妈的一只手托住宝宝的屁股，另一只手环抱其腹部。

◎在房间内或相对空旷的地方，与宝宝一起跟着节奏舞动。

大脑小课堂

　　音乐是舒缓情绪的最佳良方，这样的游戏训练能对宝宝大脑听觉皮质区产生刺激，进而影响其他神经系统，并带来生理及心理上的益处，从而让宝宝身心更加健康，同时也为以后的语言发展打下良好的基础。

鼻子舌头最灵敏：嗅觉、味觉能力的培养

嗅觉和味觉是宝宝探察世界奥秘、认识外界事物的重要途径。出生几天的宝宝就有良好的嗅觉与味觉反应，经过1个月的成长，宝宝的感知能力逐渐增强，能区分不同的气味，尤其喜欢甜味与香味，此时要注意对宝宝嗅觉与味觉的开发与培养。

训练重点

◎开发宝宝的嗅觉智能
◎促进味觉智能的迅速发育

味觉训练　小舌头尝一尝

效果：给宝宝进行味觉能力的合理刺激，从而促进味觉智能的迅速发育。

PLAY：

◎准备不同种类的饮料、果汁、水等，每次滴一点让宝宝品尝，观察宝宝的反应，以此训练宝宝对不同味道的熟悉。

◎在母乳喂食之余，选用一些配方奶粉给宝宝尝一尝。

◎可适当多准备一些"样品"，好让宝宝逐一尝试，最后以宝宝喜欢的为主。

 ## 小鼻子闻一闻

效果： 对宝宝进行合理的嗅觉刺激，帮助宝宝选择合适的食物，进一步促进妈妈与宝宝亲子关系的建立。

PLAY：

◎ 妈妈平时可以将带有自己体香的衣物给宝宝轻轻盖上，让宝宝更熟悉妈妈的味道，从而安定心绪。

◎ 将一些宝宝经常用的爽身粉、香水、香皂等给他多闻一闻，并告诉他每种物品是什么味道。

◎ 爸爸妈妈可在宝宝旁边摆放一些清香芬芳的鲜花，让小宝宝转头寻找香味来源。这也有助于宝宝颈部肌肉的锻炼。

妈妈味道最好认

效果： 让宝宝在与妈妈的亲密接触中，记住妈妈的味道，促进亲子间的感情。

PLAY：

在宝宝对各种味道，尤其是妈妈的味道有一定感知之后，将妈妈穿过的衣服裁成几片。将妈妈的衣服碎片与其他的衣服碎片放到一起，让宝宝用鼻子嗅一嗅，并用语言引导宝宝："宝宝闻闻看，这个是不是妈妈的衣服？"最初可能有些难度，但慢慢就会较容易地辨识出来，此时要给予宝宝夸奖。

大脑小课堂

母乳喂养是天然的、最好的喂养方式。母乳喂养的婴儿，可以通过母乳接触到不同味道的食物，这有助于提高以后对不同食物的接受度。

观察练习：从"看到"变成"想看"

宝宝1个月后，视觉能力有了显著发育，眼睛可以平稳地追踪一个移动较慢的物体。颜色知觉能力发展也很迅速，1~2个月即可对各种颜色加以区分。到3个月时，宝宝眼睛的聚焦就已接近成人。这个阶段，需要引导宝宝自发地用眼睛去追寻对象，进而仔细观察。

没了！

有了！

训练重点

◎ 视觉分辨与追视能力

◎ 对色彩的初步感受与辨识

◎ 增强对光明与黑暗的适应能力

◎ 促进宝宝对外界物体的兴趣

"有了"还是"没了"

效果： 锻炼宝宝对"有"与"无"的反应，从而培养宝宝的初期视觉记忆。

PLAY：

◎ 妈妈用声音引导宝宝，当宝宝注视自己时，双手遮住面部，突然说"没了"。

◎ 然后，放开双手，说"有了"，并和宝宝一起高兴地微笑。

◎ 当宝宝成功露出笑容后，要进行适当奖赏，夸奖"宝宝笑了，宝宝真棒"等。

大脑小课堂

"有了"还是"没了"主要是针对宝宝额叶联络区记忆能力的训练，通过不断的练习，使宝宝完成短时的"工作记忆"。

颜色辨识

美丽的颜色，聪明的宝宝

效果： 为宝宝提供颜色丰富的环境，锻炼宝宝的颜色辨识与感受能力。

PLAY：

◎在宝宝的居室里贴上一些色彩协调的画片。

◎在小床上布置一些颜色清爽的床单和被套，并经常更换。

◎小床的墙边可以画上一条七色彩虹，或摆放些色彩鲜艳的彩球等。

感光反应

"黑了" VS "亮了"

效果： 使宝宝接受光和明暗的视觉刺激，从而进一步提升其视觉能力，同时激发宝宝对外物的兴趣。

PLAY：

◎准备一块柔软的小手绢，并告诉宝宝："这是小手绢。"

◎妈妈将手绢轻轻放在宝宝的脸上，遮住宝宝的双眼。

◎不间断地掀起，然后又蒙在宝宝的眼睛上，并与宝宝进行交流，"黑了"、"亮了"。

黑了！

亮了！

大脑小课堂

　　宝宝一降临于这个世界，就对色彩怀有初步的感受力和浓烈的兴趣。经过早教专家及众多爸爸妈妈反复验证，颜色对宝宝的智力开发有很大的促进作用。

看，发光了。

看，会发光的小手电

效果： 接受光感的刺激，激发宝宝对发光物体的兴趣。

PLAY：

◎ 准备一个小型手电筒或其他可发光物体，用能透光的红布套在光源处，避免直接照射到宝宝的眼睛。

◎ 妈妈用改装好的发光物，放到宝宝面前，且距离保持时远时近，吸引其注意力。

◎ 游戏的过程中妈妈要不断跟宝宝说话，引导宝宝去注视并企图抓握发光物。

大脑小课堂

宝宝对光也有极大兴趣，让宝宝多见光，多看五颜六色的东西，使宝宝的视觉受到光和色的刺激，以此可以提高宝宝的视觉灵敏性。通常情况下，经常接受光刺激的宝宝，一般在1个半月时就想抓眼前发光的东西了，而未曾接受刺激的婴儿则要到3个月以后才有这个动作。

抱团反射练习：训练前庭刺激

当宝宝能完成基本的抬头与俯卧动作后，可对其进行抱团运动反射练习，训练其头部上下左右运动的初级能力，从而为宝宝顺利翻身打下良好的身体基础，同时也可在游戏中学会一种在危险中保护自身的基本动作。

训练重点

◎锻炼四肢的运用
◎训练大脑与全身的协调能力

小手碰小脚

效果：活跃宝宝的四肢，增强宝宝的身体协调能力。

PLAY：
◎让宝宝面部朝上躺在床上，确保其头部能自如地活动。
◎引导宝宝尽可能地用双手握住脚踝，使身体弯曲呈弧形。
◎使宝宝的面部先转向一侧肩膀，再转向另一侧肩膀。
◎妈妈轻轻按住宝宝的大腿，让宝宝自由地左右摇晃。
◎在游戏的同时，妈妈可配合声音或歌谣："摇啊摇……"

左右摇晃。

大脑小课堂

抱团运动是"迷路紧张反射"训练的一种，一般而言指人耳深处的三个半规管、耳石器官受到刺激时产生的反射运动。这种反射受到力的刺激，可促使人的身体运动方向与头部倾斜方向保持一致。2~3个月的宝宝，最适合此项运动。

咬得到的小脚趾

效果：灵活宝宝的四肢，同时训练宝宝的平衡能力。

PLAY：

◎当宝宝能轻松做到双手握住脚踝时，妈妈可引导宝宝将脚进一步上抬，直到接近面部。

◎让宝宝尽可能地用手触摸到自己的小脚趾，引发自身的好奇心。

◎视具体情况，可引导宝宝做咬脚趾的动作。

开始翻身：加速身体刺激

这个时期的宝宝，随着身体不断发育，四肢的力量逐渐增强，由最初的只能由爸爸妈妈抱着活动，到自己开始进行翻身尝试。

训练重点

◎提升全身的协调能力　　◎给予宝宝新的视觉刺激

毯子上的翻身王

效果：通过一些相对较大的玩具，吸引宝宝运用手部力量，让手与身体其他部位更好地协调。

PLAY：

当天气暖和起来，可带宝宝到户外的公园或者小区的花园空地。准备一条大毯子，平坦地铺放在柔软的草地上。减少宝宝身上的负担，引导宝宝在毯子上，朝一个方向进行自由翻身游戏，可适当地提供帮助。当宝宝成功翻转身，爸爸妈妈顺势将宝宝翻回到最初的姿势。

这个游戏可根据宝宝的情绪不断继续，但要确保宝宝始终在毯子上。

翻滚吧，宝宝！

效果：促进宝宝对翻身动作的熟练掌握，同时增进宝宝与爸爸妈妈的感情。

PLAY：

◎在仰卧状态下，轻轻弯起他其中的一只脚，同时将宝宝的手臂掠过他的胸部。推着宝宝弯曲的膝盖朝身体另一侧翻过去，并用手托住宝宝的后脑勺。用相同的方法将此游戏练习进行多次，让宝宝缓慢地来回翻转。

◎或让宝宝平躺着，爸爸妈妈用一些宝宝喜爱的小玩具，吸引他的注意力，并引导宝宝进行翻身训练。引导宝宝自发地用眼睛去追寻对象，进而仔细观察。

小手指动起来：训练皮肤感觉与节奏感

3个月的宝宝经过最初的抓握练习，手指已经能比较自如地张握。而随着手指力量越来越强，对外界物体也就拥有更大的兴趣，手指的活跃能力也在逐渐提升。此时的游戏，注意宝宝手指与眼睛等其他部位的协调。

训练重点

◎锻炼宝宝手指的活跃性　　◎促进手眼协调

会转圈儿的玩具

效果：通过会动的玩具，进一步训练宝宝的手指灵活性，同时也锻炼宝宝的视觉追踪能力。

PLAY：

◎准备一个衣架和一根绳子，将衣架系于绳子上，衣架顶端的挂钩弯成死圈。

◎然后在衣架的横梁上，牢牢地悬挂几个可以晃动的物品，做成转圈玩具。

◎让宝宝挥动小手去抓玩具，并帮助宝宝用手指转动玩具，引发宝宝活动手指的兴趣。

伸出小手抓玩具

效果： 通过一些相对较大的玩具，吸引宝宝手部力量的运用，让手与身体其他部位更好地协调。

PLAY：

◎准备一些绳子，结实的挂钩，简单轻巧的物体，如塑料勺、毛线球或拨浪鼓等。

◎将挂钩安置在婴儿床的上方，将准备好的小玩具用结实的绳子悬挂在上面，在宝宝刚好能碰到的位置。

◎引导宝宝去碰小玩具，并试图用手去抓。

◎可在游戏进行几分钟后，换上另外的玩具，以此保持宝宝的兴趣。

抓到了哦！

大脑小课堂

手指是宝宝成长过程中运用得最多的部位，它们会与身体其他部位紧密配合来完成动作。对宝宝手指活动能力的游戏训练，可为他之后的大动作技能打下良好基础。

享受户外的每一刻：五感的多维统合

超过1个月的宝宝已经不再完全满足于家中的小小天地，而开始向往外面的美丽世界了。这个阶段，爸爸妈妈可谓是宝宝最好的户外导游，带他去感受外面世界的种种新鲜与美好。这也是宝宝自然观察智能的最初启蒙期。

训练重点

◎刺激宝宝的五感　　◎训练宝宝的观察力和好奇心

宝宝看，那是什么？

户外感知 我们去散步吧

效果：通过与爸爸妈妈一同户外行走与活动，实现五感的多维统合。

PLAY：

选择晴朗温暖的天气，爸爸妈妈带着宝宝走出家门，进行户外散步。将宝宝稳当地抱在胸前，让宝宝的视线能与爸爸妈妈的保持一致。用手指指着各种景物或其他物体，指引宝宝进行观望，并用最简单的词汇将名字告知于宝宝，可重复多遍。在较平坦的地方，可适当加快散步的速度，或带领宝宝一起轻轻向上向前跳起，让宝宝体验不一样的节奏。

天气怎么样

效果：让宝宝在对天气的观察与感知中，增强对外界的了解。

PLAY：

选择不同的天气，抱着宝宝到窗前，观看当日的天气状况，并告知宝宝简单的天气说明，如天晴了、下雨了。带宝宝到外面行走，让他加深对天气状况的印象。

此游戏可多次反复进行，从而增强宝宝对各种天气类型的记忆与感知，同时还可在妈妈的讲解中，促进对外面世界的了解。

小小野营家

效果： 让宝宝与大自然更亲近地接触，也进一步促进宝宝与爸爸妈妈关系的融洽。

PLAY：

爸爸妈妈带宝宝一起到干净的公园，或其他环境较好的空地。准备一个小帐篷，让宝宝能自由地在里面活动。给宝宝一些小玩具，陪宝宝一起玩耍。还可准备一张大毯子，让宝宝能直接趴在或躺在上面。指引宝宝感受阳光，聆听大自然以及周围宝宝嬉闹游戏的声音，闻闻各种花草的芳香。

舒适日光浴

效果： 通过宝宝对大自然的初步感知，培养宝宝积极的情绪，促进其身体发育。

PLAY：

◎宝宝满月后，选择一个温度适宜、阳光充裕且无风的时候，准备好防晒的遮阳帽等。

◎让宝宝仰卧在阳光下，脱下宝宝的衣服，但要用衣服盖住肚子。

◎妈妈在一旁唱儿歌，同时轻轻抚摸宝宝被太阳晒到的皮肤，让宝宝感觉到舒适愉悦的感觉。

◎可让宝宝俯卧过来，重复相应动作。

◎日光浴结束后，要将宝宝身上的汗水擦干净，穿上衣服，并给宝宝喝适量的温开水。

宝宝可谓是天生的探索家，对外界一切的新鲜事物充满着好奇与兴趣，爸爸妈妈可以更多地引导宝宝去体会和观察。通过户外的游戏与活动，可让宝宝在同一时间获得听觉、视觉等多方面刺激，从而对宝宝大脑内各种不同的部位进行有效训练。

Learn to Control Their Necks: 4~6 Months Old
脖子固定期：4~6个月

基本技能表现

多数宝宝能做到
- 微笑，笑出声
- 可以用腿支撑身体重量
- 你对他说话时能做出"咕咕"的回应
- 还能模仿发出"爸爸"、"大大"的声音
- 可以分辨醒目的颜色

少数宝宝能做到
- 可以含混不清地说话或发出某些音节
- 能把东西拉向自己
- 身体可以向前扑或开始爬了

半数宝宝能做到
- 能抓住一个玩具
- 能从俯卧翻身到仰卧，或从仰卧翻到俯卧
- 知道自己的名字
- 转向新的声音
- 能够不用支撑坐着

　　这个阶段的宝宝，已经能发出更多不同的声音，手部肌肉也进一步灵活。5个月时宝宝开始能有方向、有目的地抓握，且可以抓起比较大的物体。6月大的宝宝可能已经知道很多事物的名称了，只是还不会完整地表达出来，所以需要特别注重语言启蒙与理解能力培养、训练手眼协调能力、锻炼精细动作，尤其注意宝宝的语言智能初步开发，同时进一步开发身体–动作智能。

"啊啊啊啊"小对话：语言能力的初步开发

4个月的宝宝开始能说出一部分无实际意义的单词，诸如"啊"、"嘛"等，且开始不断尝试与人沟通交流。爸爸妈妈尤其应抓住这个语言智能开发的关键阶段，进行与宝宝对话小游戏，为随后的开口说话做好充分的准备。

训练重点

◎开发宝宝的语言能力　　◎促进宝宝与人沟通，加强理解

听妈妈讲讲话

效果： 训练宝宝的视觉、听觉，让宝宝理解语言，引发他的愉快情绪。

PLAY：

◎妈妈以亲切柔和的声音、富有变化的语调跟宝宝讲话。

◎在玩游戏时，告诉宝宝要做什么，在玩的玩具是什么。

◎将宝宝的照片，以及爸爸妈妈的照片或全家福指示给宝宝看，一边看一边说，尤其多次重复告知"这是爸爸"、"这是妈妈"。

宝宝听听看

效果： 让宝宝多听各种声音，给宝宝创造一个良好的语言环境。

PLAY：

◎这个阶段，当宝宝习惯性地发出"a、ma、p、ba、o、e"等音时，爸爸妈妈要及时地做出回应。

◎运用多种语言形式与宝宝一应一答地进行对话，从而提高宝宝的语言积极性。

◎在面对特定的人或物的时候，可运用普通话与英语交替的方法，教宝宝一些简易的单词，如指着自己说"妈妈，mother"，指着小鸟儿说"鸟，bird"。

a、ma、p、ba、o、e

 模仿妈妈发音

啊啊——
呜呜——

效果： 让宝宝模仿妈妈的发音进行发声练习，从而开发其语言能力。

PLAY：

◎妈妈与宝宝面对面，用愉快的语调与表情，发出"啊啊"、"呜呜"、"喔喔"、"咯咯"、"爸爸"、"妈妈"等重复音节。

◎在每个音节后，稍作停顿，慢慢引导宝宝细心观察自己的发音口型，从而进行模仿。

◎也可利用镜子的帮助，让宝宝能更明确地看清妈妈和自己的口型。

宝宝叫什么

效果： 训练宝宝对特定语言的反应，让宝宝知道自己是谁。

PLAY：

◎与宝宝相处时，不时地有意识地叫宝宝的名字，并告诉宝宝，你是谁。

◎练习一段时间后，爸爸妈妈尝试用相同的语调叫宝宝的名字和其他人的名字。仔细观察宝宝，看他是否能辨识出自己的名字并做出回应。

◎当宝宝能准确听出自己的名字来，妈妈要说"哦！对啦！你就是月月"、"宝宝真聪明"之类的话，同时把宝宝抱起来，贴贴他的小脸。

◎如果宝宝对叫声没有反应，就要耐心地、反复地告诉他："月月，你就是月月呀。"

大脑小课堂

在宝宝还不能完整地用语言表达的时候，给宝宝创造一个良好的前期环境十分重要。在游戏的过程中，不只要让宝宝多听各种声音，更重要的是进行重复的听力练习，这样能帮助宝宝更快地学会说话！

听听多精彩：听力与节奏感的配合

4个月的宝宝，已经能够咿呀发声，对外界的各种声音也更加敏感。此刻的宝宝不仅仅满足于爸爸妈妈说话的小声音了，他还开始尝试着自己去发掘和制造声响，慢慢有了辨识节奏以及其他复杂声音的能力。

训练重点

◎训练听力与节奏感知能力
◎培养宝宝对事物因果关系的认识

叮叮当当敲起来

效果：让宝宝在自由欢快的敲打中获得愉悦的感觉，提升宝宝的听觉和节奏感。

PLAY：

◎准备一些有硬纸盖或塑料盖的容器，制作几个能发出不同声音的小鼓，或直接将不易打碎的瓶罐作为游戏的道具。

◎用胶带把不同的小鼓粘在一起，做成一套"架子鼓"。

◎妈妈坐在地板上，让宝宝坐在两腿中间，把鼓放在宝宝面前。

◎用手掌、手指和掌根给宝宝演示怎样敲鼓，同时还可以用嘴发出与之相应的节奏声，给宝宝不同的节奏体验。

◎宝宝能双手完全握住小棍时，可做一个小棒槌，让宝宝拿着敲鼓。

录音机的秘密

效果： 进一步培养宝宝的听力，增强语言理解和反应能力。

PLAY：

◎在宝宝心情愉悦时，让宝宝自由地躺在小床或地板上。

◎爸爸妈妈准备一个可以录音的电子产品，播放事先录好的一段话给宝宝听，自己则躲到宝宝看不到的地方。

◎录音1~2分钟即可，内容可以是跟宝宝说话，告诉宝宝在做什么，要做什么，天气如何，或者说说与宝宝有关的话。

◎观察宝宝的反应，播放完毕时回到房间再亲口跟宝宝复述一次，让宝宝体验两种相似又相异的声音，看宝宝会不会有惊喜的感觉。

肌肉张力运动：四肢锻炼与身体觉知训练

当宝宝的全身能够相对自由地活动时，他的小手小脚便开始畅快地活动了。此时爸爸妈妈应当特别注意宝宝的四肢发育，加强宝宝的身体-动作智能开发。

训练重点

◎训练宝宝四肢的活动能力

◎增强宝宝的身体觉知与协调能力

初级训练 手臂舞起来

效果： 给宝宝提供良好的手部活动空间，加强宝宝手臂肌肉张力。

PLAY：

◎让宝宝平躺在床上，或其他干净平坦的地方。

◎爸爸妈妈慢慢将宝宝的两只手臂同时举起，然后放下。

◎或者可采用左右交替的方式，让宝宝的两肘进行屈伸练习。

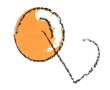

小腿蹬起来

效果： 通过与爸爸妈妈一起游戏练习，舒展腿部与脚部，促进宝宝身体觉知。

PLAY：

◎让宝宝躺平，爸爸妈妈轻轻地举起、放下宝宝的双腿，方式同手臂游戏。

◎爸爸妈妈可利用手掌或柔软的毛巾，刺激宝宝进行踏步反射，引导宝宝腿部屈伸。具体做法是：朝宝宝的脚掌略微施力，促使宝宝主动将爸爸妈妈的手掌或者毛巾卷蹬开。

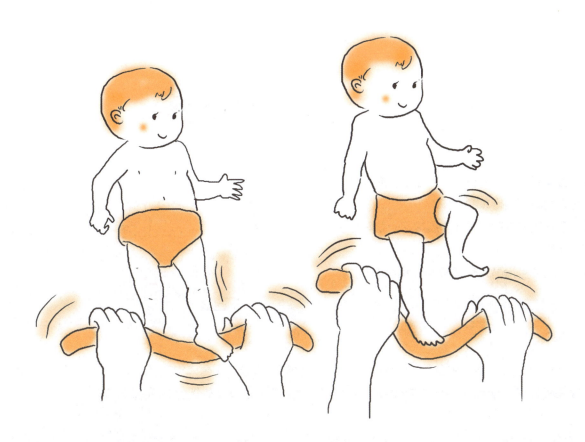

 气球踢起来

效果：在宝宝腿部力量得到一定训练的基础上，运用气球等其他玩具，让其进一步加强。

PLAY：

◎让宝宝平躺在床上，爸爸妈妈稍微垫高他的臀部。

◎准备一个柔软的气球，放在宝宝的面前，让他的脚可以碰到气球。

◎等练习一段时间之后，宝宝便能自己活动双脚，进行踢球活动了。

来骑自行车

效果：进一步锻炼宝宝四肢的协调性。

PLAY：

◎当宝宝仰面躺着换尿布时，握住宝宝的脚踝，让他的腿划圈做蹬自行车的动作。

◎带宝宝做较大幅度的肢体伸展练习，就像让宝宝在空中跳舞。

◎将宝宝的膝盖抬高，交替着大腿踢的动作。

骑自行车喽!

 **大脑小课堂**

　　四肢运动是要让宝宝全身进行放松，从而促进他的肌肉张力和身体觉知发展。注意游戏时，尽量要使宝宝的四肢完全伸直，但不可过于用力，妈妈务必保证每项运动都是缓慢温和地进行。

俯卧前进：动作协调能力训练

宝宝已经能够比较顺利地进行俯卧，以及微微地抬头时，可通过游戏使宝宝在此基础上试图前进，从而为之后的自由爬行做好准备。

训练重点

◎俯卧能力的增强　　　◎训练全身的动作协调能力

跟滚筒一起前行吧

效果：宝宝俯卧的进阶训练，让宝宝在滚筒的帮助下练习向前进。

PLAY：

◎准备一个充气塑料球或圆柱形抱枕，略高于与宝宝俯卧时的高度。

◎让宝宝俯卧在上面，爸爸妈妈指引宝宝扶着塑料球向前行动。

◎如果宝宝前行还有难度，爸爸妈妈可帮助宝宝小幅度地滚动塑料球，促使宝宝向前。

◎随着宝宝年龄增长，可以逐渐延长趴卧的时间。

追追镜子里的小天使

效果：训练宝宝头部，锻炼颈部肌肉，训练宝宝上臂支持身体的能力，也进一步促进宝宝的视觉发育。

PLAY：

◎让宝宝自由地俯卧在床上或者干净的地板上，给宝宝一面大小合适的镜子，指导宝宝双手抓着照。

◎爸爸妈妈指着镜子里的宝宝，微笑着呼喊宝宝的小名，然后将镜子逐渐拿远。

◎让宝宝俯卧在大圆镜前面，眼距镜子20厘米左右，用玩具吸引宝宝抬起头、挺起胸，看镜中的自己。

◎引导宝宝向镜子中的宝宝慢慢俯卧前进。

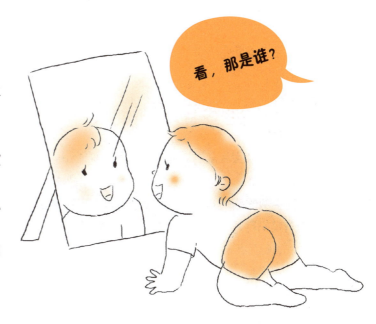

看，那是谁？

大脑小课堂

　　俯卧的训练主要是让宝宝更好地活动筋骨，从而刺激其大脑的神经回路。所以，妈妈尽可能地让宝宝不要一直躺着，以免一直使用两侧的身体。此项游戏，需要根据各个宝宝的成长状况，进行相对应难度的游戏选取。

前后左右摇：运动感觉刺激

　　内耳主宰着听觉和平衡感，同时也跟地心引力和肢体动作有很大的关系，影响着人类的前庭活动。这个时期的宝宝，需要爸爸妈妈提供前庭刺激的机会，以此抑制原始反射，发展平衡感，促进其良好的前庭感觉的形成。

训练重点

◎训练宝宝的前庭感觉　　◎加强宝宝的平衡感训练

我们向前摇啦!

 坐姿前后摇晃

　　效果：让宝宝前后晃动，以此保持平衡感。

　　PLAY：

◎在宝宝清醒高兴的状态下，小心地抱着宝宝坐立。

◎爸爸妈妈用双手托住宝宝的身体，帮助他们前后摆动，注意幅度不要太大。

◎配合着语言，明确告知宝宝，如"我们向前摇啦"等。

卧姿左右摇摆

效果： 锻炼宝宝颈部及两侧身体的力量，促进其四肢的活动。

PLAY：

◎让宝宝自如地处于仰卧状态。

◎爸爸妈妈牵引着宝宝的手，左右轻轻地摇摆，促使宝宝的头随之跟着转动。

◎具体游戏要根据宝宝的身体发育状况，摆动幅度不能超过45度。

坐姿左右摇晃

效果： 给宝宝左右转换的美好体验。

PLAY：

爸爸妈妈把宝宝抱在胸前，一只手托住宝宝的屁股，一只手环抱宝宝，保持宝宝坐着面朝前的状态。然后往左右两个方向轻轻摇动，注意要抱紧。根据宝宝的反应确定摇晃的时间。当宝宝感到愉悦时，应同宝宝一起欢笑。

宝宝车一直走

效果： 前进中的宝宝车能使宝宝体会到小小颠簸的感觉，从而不断增强其适应能力。

PLAY：

天气晴好的时候，推着宝宝车到公园或者其他相对平缓的地方活动。走过类似于凸起程度不大的人行道边缘，让宝宝接受舒服及具有前庭刺激作用的摇摆与晃动。

小摇篮动不停

效果：通过摇篮不停摇动，让宝宝感受到舒服。

PLAY：

当宝宝想要睡觉时，爸爸妈妈将宝宝放到摇篮中，轻轻晃动摇篮，让宝宝在睡眠的过程中，接受外界摇晃所带来的美好感受。

大脑小课堂

摇摆运动不仅有助于跟肌肉张力和平衡感相关的器官的刺激，同时还能促进宝宝颈部力量的增强，从而让宝宝很好地掌控头部。进行相关游戏时，动作要温柔，注意保护好宝宝，尤其要扶好其头部和颈部。

大眼小手一起动：训练手眼协调性

宝宝视觉能力与动手能力，在这个阶段进一步得到了较好的开发与锻炼，手眼并用与协调则是接下来的训练重点，也是游戏设计的指导目标。

训练重点

◎巩固并加强眼睛与手的协调运用能力　　◎促进大脑的多元发育

大脑小课堂

手眼协调对于这个阶段的宝宝尤其重要，将为他以后相对更复杂的精细活动打下较好的基础。同时，这项游戏涉及到宝宝的五感，更有助于宝宝多元智能的整合开发。

跟着泡泡飞呀飞

效果： 训练宝宝的手眼协调性，增强宝宝对身体部位的感知。

PLAY：

◎准备一些吹泡泡的工具，让宝宝安全地坐在婴儿车里。

◎朝宝宝轻轻吹几个泡泡，引导宝宝去追逐泡泡，并试图伸手去抓或打破泡泡。

◎当宝宝对泡泡产生兴趣后，可以让泡泡分别落到宝宝的各个身体部位，如腿、手臂、肚子等，妈妈在旁边指着相应的位置告知宝宝，如"泡泡到手上啦"等。

泡泡到手上啦!

闪亮的大扣子

效果： 锻炼宝宝的精细运动，进一步提升其手眼协调能力。

PLAY：

◎准备不少于8个超大号的纽扣，纽扣直径要求大于5厘米。

◎将颜色和质地不同的纽扣进行两两相配地组合起来，成为4对。

◎分别用小纸袋将4组纽扣装起来，指引宝宝把它们拿出来再放回去。

◎或让宝宝坐在你的大腿上，把纽扣排开在他面前，然后帮他把纽扣两两相配，或是把不同颜色的纽扣交替摆放。

空中运动家：体会"直线加速"

此时的宝宝已经并不满足于平地的一些活动，且身体慢慢有直立的欲望，"直线加速"游戏便是很好的促进方式，可以帮助宝宝有效维持身体的直立状态，避免摔倒，也为之后的行走、跑步做好准备。

训练重点

◎给宝宝与平地不同的体验　　◎加强宝宝的直线感知能力

飞机要起飞啦

效果：强化宝宝的颈部和背部肌肉，培养宝宝的平衡感。

PLAY：

◎妈妈平躺在床上或者较柔软的地板上，在仰卧状态下，让宝宝稳稳地坐在膝盖上，并抓住宝宝的双手。抬起膝盖，宝宝就会有坐飞机的感觉。

◎或盘腿坐下，让宝宝面朝外坐在妈妈的大腿上。一只手稳稳抱住宝宝，另一只手撑在其身后，双腿保持交叉，抬起，使宝宝随之抬高。

◎当宝宝身体向上升的时候，说："飞机起飞啦，飞走啦！"当把他向下放回来时说："飞机降落啦！"

小身板飞起来

效果：让宝宝亲身体验不同于往常的视野范围，增强其身体的适应性。

PLAY：

◎在宝宝清醒且心情不错的情况下，爸爸妈妈可以配合宝宝的手臂进行活动，将宝宝的双臂向身体两侧伸展开来，然后小心地举过头顶，用欢快的声音告诉宝宝："宝宝飞起来啦！"

◎如果宝宝玩得开心，可以适当地改变造型，给宝宝不同的身体体验。

◎注意照顾宝宝的情绪与需要，最初阶段动作要尽量舒缓，根据宝宝的表情与回应适当地改变举起的高度、增加刺激的强度。

此游戏通常是宝宝比较热衷的一种，但是要特别注意安全。

不动反应：训练宝宝保持静止不动

作为脖子固定期的宝宝，身体各个部位开始越来越活跃，大小动作不断增多，这也将给妈妈带来一些不便，譬如无法像之前一样顺利换好尿片。所以，这个阶段的妈妈，在训练宝宝的身体-动作智能的同时，也要教会宝宝如何在恰当的时候，配合地保持"不动"。

宝宝最听话

效果：通过日常生活中的"不动"训练，让宝宝在大脑中养成相应规范意识。

PLAY：

◎当宝宝试图接触危险物品时，告知其"不要"，并简单地进行解释，让宝宝在大脑中形成此物危险的意识，从而自动地不去触摸并保持一定的距离。

◎宝宝清醒并心情愉悦的时候，可同宝宝做"不动"游戏，发出指令，让宝宝执行，或自己先实践不动，让宝宝跟着模仿。

训练重点

◎训练宝宝的理解与控制能力
◎引导宝宝养成好习惯

时间到，换尿布

效果：让宝宝在妈妈不断夸奖的过程中，养成自发地停止动作、学会配合的习惯。

PLAY：

◎给宝宝准备换尿布时，先跟宝宝说："妈妈要帮你换尿布了，不要乱动啊。"让宝宝逐渐形成这个意识。

◎当宝宝双腿乱蹬时，妈妈可以相对严厉地命令宝宝"别动"，并用双手按在宝宝大腿处，制止其乱动的行为，但注意不要施力。

◎迅速地换好尿布，形成一个宝宝不动的时间，并根据训练情况不断延长。

◎抚摸宝宝的下半身，并适当地表示夸奖，如"宝宝最听话了"、"宝宝真聪明"。

◎每次训练时都有意识地按照这样的程序，使宝宝习惯成自然。

不要乱动啊！
宝宝真棒。

大脑小课堂

在好动的年龄，给宝宝一个养成静止习惯的机会，但注意不要让宝宝忍耐，而是使其愉快地自动停止动作。奖赏方式可以让宝宝获得肯定的快感，爸爸妈妈应多对宝宝进行鼓励式教育。

宝宝能坐了：快捷掌握坐立方法

出生4个月后的宝宝已经不满足于只是躺在床上了。4~5个月时，宝宝已经能在大人的膝上靠坐了。6个月以后，宝宝自己能用双手向前撑住独坐片刻了。宝宝从卧位发展到坐起，实现了动作发展的又一大进步。

训练重点

◎ 巩固前期的翻滚练习
◎ 学习慢慢坐立的方法
◎ 锻炼全身肌肉能力
◎ 训练身体各部位力量

拿到啦！拿到啦！

 坐立准备 ## 探囊取宝

效果： 让宝宝在大人的帮助下坐立。

PLAY：

◎ 给宝宝营造一个良好的坐立环境。

◎ 准备一个不易破的袋子，里面装有各种好玩的物品。

◎ 将袋子摆放到宝宝面前，并将玩具分别展示给宝宝看。

◎ 当宝宝对物品发生兴趣并试图用手去抓取时，妈妈帮助宝宝进行坐立，使宝宝身体向前倾，直到能触摸到玩具。

大脑小课堂

　　一般情况下，9个月的宝宝能两手拿玩具自己坐在床上，坐姿平稳地独坐10分钟以上，并自如地伸手拿玩具，身体能随意向前倾然后再坐直，不用支撑也可以独坐了。这是宝宝身体–动作智能发育的又一关键阶段，需要很好地利用，为之后的站立做好准备。但是，练坐训练的内容一定要与宝宝的月龄和发育情况相适应，且避免长时间的练坐。

 坐立训练 ## 扶手坐立

效果： 为宝宝提供坐立的环境，学习慢慢坐立的方法。

PLAY：

◎将宝宝的手拉起来，形成坐位，让宝宝的头可以主动地离开床面并抬起，腰背能较直挺并主动举头，能自由活动，身子不摇晃。

◎训练一段时间后，让宝宝仰卧，让他的两手一起握住妈妈的拇指，妈妈紧握宝宝的手腕，另一只手扶宝宝头部坐起，再让他躺下，恢复原位。

◎如果宝宝头能挺直不后倒，可渐渐放松扶头的力量，每日练习数次，锻炼宝宝腹部肌肉，增加手掌的握力及臂力。

独坐自如

效果： 为宝宝提供坐立的环境，让宝宝学习慢慢坐立的方法。

PLAY：

◎在宝宝能扶手坐立的基础上，让其练习独坐。

◎爸爸妈妈可先给宝宝一定的支撑，以后逐渐撤去支撑，使其坐姿日趋平稳，逐步锻炼其颈、背、腰的肌肉力量，为独坐自如打下基础。

◎将宝宝放入有扶栏的床内，先让宝宝练习自己从仰卧位扶着拉杆坐起，然后再练习拉着床栏杆站起。

◎待熟练后，训练宝宝反复拉栏杆站起来，再主动坐下去，而后再站起来和坐下去。如此反复锻炼，以增加宝宝腰和腿部肌肉的力量。

我能坐起来了！

观察与探索：探索事物因果关系

此时的宝宝还不会自由地用语言进行表达，但是他对外界的观察与探索智能已经在逐渐形成中。此时，可以针对宝宝的具体情况，向他们讲述与灌输一些最基本的因果关系知识，也让宝宝逐渐具备因果意识。

训练重点

◎进一步训练观察能力　◎培养对外界事物的因果感知

宝宝来拍球

效果： 在具体的事件中让宝宝增强因果关系的感知能力。

PLAY：

◎准备几个颜色艳丽的气球。在宝宝心情愉悦的状态下，将宝宝放在沙发上，保持面对面，并保证宝宝的安全。

◎妈妈吹起一个气球，用绳子绑好，然后用手轻轻拍，并用语言告知宝宝："这就是拍气球，宝宝也来试试吧。"

◎当宝宝对气球产生兴趣，就可以将气球丢给宝宝，让他模仿着拍。

◎生活中的其他事件，都可以用类似的方式，让宝宝不断增强认知并了解。

哪来的铃声

效果： 通过铃铛的响声吸引宝宝的注意力，从而让他逐渐自觉地去探索其中的因果关系。

PLAY：

◎准备一个可以收缩大小的腕套，和一个宝宝能抓住的小铃铛。

◎在腕套上系上铃铛，然后将其套在宝宝的手腕上。

◎引导宝宝摇动铃铛发出声响，同时还可帮助宝宝挥动手臂，并引导宝宝探索："哪里来的铃声啊？"

◎游戏时还可以播放一点音乐，或者妈妈直接念一些简单的儿歌，让宝宝根据适当的节奏，掌握摇铃的节奏。

哪里来的铃声？

全脑小活页

半岁宝宝语言刺激法

语言是人与人之间最直接的沟通方式，然而，并非能说出完整的话语才算沟通的开始，刚出生的宝宝便已经用直接的独特方式开始了语言之旅。适时培养宝宝学习语言的兴趣，宝宝就能较早地学会说话。对于0岁到半岁的宝宝，因为语言表达的特殊性，更是需要独特的语言刺激方法。

△半岁宝宝已经具备交流的欲望

宝宝在妈妈腹中时，便开始具备听觉能力，出生40天后就能分辨出不同的声音。而且随着大脑智能的逐步发育，此时的宝宝对语言有更加明晰的感知，即使不能自如地表达，但也已经具备交流的欲望。

△从新生儿时期开始和宝宝对话

爸爸妈妈不能因为宝宝不会说话而放弃同他说话的努力，相反，为了使宝宝早日学会说话，他们更应该从新生儿时期开始经常跟宝宝对话，让宝宝通过妈妈的声音，掌握词汇、语调等基本的语感。

△妈妈的声音具有神奇的效力

现代科学研究显示，宝宝出生的半年内，是语言发育的关键时期。在日常生活中，妈妈的声音能稳定宝宝的情绪，也能促进其智力发育。在这个时期，妈妈应该与宝宝进行愉快的交流，为宝宝打好语言发育的基础。

△语言与声音息息相关

对于半岁宝宝，听是学说话的前提，也是刺激说话欲望的手段。为了使宝宝尽快地学会说话，妈妈应该从新生儿时期开始，通过多重途径，为宝宝打造良好的语言环境，刺激宝宝学习语言的兴趣。

△积极并正确地对宝宝"有话必应"

此时的宝宝拥有自己的言语体系，虽然可能只是简单的微笑哭泣，或者咿咿啊啊，但妈妈也应该积极地回应宝宝发出的声音，而且要用完整的句子回答宝宝。即使宝宝听不懂，也可以说故事、唱儿歌或摇篮曲。

Sit and Stand: 7~9 Months Old
坐立期：7~9个月

基本技能表现

多数宝宝能做到
· 能够不用支撑独立坐着
· 身体可以向前扑或开始爬了
· 会发出"妈妈"、"爸爸"声
· 能用手指东西，会摆手再见了
· 能把东西拉向自己

少数宝宝能做到
· 能用手势表示自己想要什么
· 可以玩拍手和藏猫猫的游戏
· 能够正确地叫出"爸爸"、"妈妈"

半数宝宝能做到
· 可以含混不清地说话，或模仿大
人发出单音节词
· 能拉着东西站起来走几步
· 大脑具备一定的思维能力
· 开始明白物体恒存性

随着宝宝的迅速发育，他基本已经可以独立坐稳，观察力也越来越强，同时，四肢肌肉力量和协调性得到增强，对他周围的世界也更加了解。这个阶段，要对宝宝的语言智能进行进一步开发，并注意提高宝宝的大动作技能和认知能力。

咿咿呀呀开口说：掌握正确的发声方法

7个月左右的宝宝已经会经常模仿你对他发出的简单音节，而且大部分宝宝能自动发出不完整的"爸爸"、"妈妈"等声音。宝宝语言理解能力远比表达能力发展得要快，这时的宝宝已经进入学习语音的敏感期，正是语言智能拓展的重要时期。与此同时，父母还应有意训练他语言和动作的联系。

训练重点

◎促进宝宝对语言的理解能力　　◎教授宝宝正确的发音方法
◎提升语言表达能力　◎加强语言、物体和动作间的联系

 发声练习 "谢谢"和"再见"

效果： 教会宝宝理解语言，发展相关动作，并从小培养宝宝文明的好习惯。

PLAY：

◎当爸爸递玩具或食物给宝宝时，妈妈在一旁说"谢谢"，配以点头或鞠躬的动作，同时引导宝宝跟着模仿表示"谢谢"。

◎当家里有人要出门，妈妈一面说"再见"，一面挥动宝宝的小手，向要走的人表示"再见"。

◎经过多次反复练习，使宝宝形成习惯，一听到"谢谢"就鞠躬或点头，一听到"再见"就挥手。

再见！拜拜！

声音宝库

效果： 爸爸妈妈通过模仿各种声音指导宝宝发音，提升宝宝对声音的兴趣。

PLAY：

◎指引宝宝观看各种动物或能发声的物体，如火车、汽车等。

◎爸爸妈妈跟着物体发出的声音向宝宝做模仿示范，或直接自己发出与物体相应的声音，如看到小猫模仿猫叫"喵喵喵"、看到汽车模仿"嘀嘀嘀"等。

◎发声时注意放慢速度，让宝宝能看得清楚。可配上相应的动作和手势，如打鼓、吹喇叭等，以激起宝宝模仿的兴趣。

◎如果宝宝发错了音，爸爸妈妈应不断鼓励，并及时纠正，反复校正强化，直到他发音正确。

语言理解

拍拍手、点点头

效果： 训练宝宝语言理解与模仿的能力。

PLAY：

◎妈妈抱着宝宝与爸爸相对而坐，妈妈轻轻握起宝宝的小手，与爸爸进行对拍。一边对拍，一边对宝宝欢快地说："拍拍手。"

◎妈妈放开宝宝的手，边拍手边有节奏地说："拍拍手。"让宝宝跟着模仿。

听妈妈讲故事

效果： 培养宝宝的语言表达能力和理解力，并促进宝宝的听觉能力提升。

PLAY：

◎准备一块画板，画出一个和宝宝同性别的娃娃图形。在画板上增加一些小狗、小猫、房子或小车等元素，构成一幅全景图。

◎爸爸妈妈坐下，将画板立着放在膝盖上，使宝宝面对画板并看得清楚，引导宝宝观看。

◎用手指着画板上的不同图案，告知宝宝是什么，然后开始编各种简单的小故事。

我们一起来编故事吧！

大脑小课堂

语言无处不在，每个日常生活中的点滴都可以被爸爸妈妈利用起来，作为宝宝语言学习的最佳小助手。语言学习与理解的过程，也是宝宝人际能力的初步培养阶段。

会说话的身体

效果：教宝宝用身体姿势表达语言，提升宝宝理解语言的能力。

PLAY：

◎爸爸妈妈根据宝宝的成长状态，为宝宝设计一些特定的动作。

◎类似的动作可以做如下参考：把手靠近鼻子表示香，皱鼻摆手表示臭，用手拍肚子表示吃饱了等等。

◎同时，还可以教宝宝运用各种表情，表达语言。

看得见的美丽世界：视觉能力的进阶训练

宝宝此时的视觉发育已经进入一定的阶段，他不仅能长久持续地专注物品并进行追视，还与大脑有了更加紧密的配合，能与身体其他机能进行很好的合作。在此基础上，自然观察智能、社交智能、空间智能都渐渐步入轨道。

训练重点

◎进一步训练视觉能力　　◎学习专注与追视　　◎对色彩的深入认识　　◎促进大脑细胞发育

眼球会追踪

效果：增强宝宝集中注意力的能力，为阅读奠定基础。

PLAY：

◎爸爸妈妈将能够引起宝宝兴趣的食物或玩具置于宝宝眼睛的正前方，让他盯着看。

◎将对象慢慢移动到只有转动头部才能够观察到的位置，引导宝宝进行转头持续观望。

◎然后在宝宝所能观察到的视线范围内，继续向上下左右或斜上、斜下方向改变对象的位置，注意幅度与速度不要太快。

◎将此游戏多次重复，吸引宝宝的注意力。

宝宝，看这边。

大眼睛注视

效果： 训练宝宝盯着一个物体观看的能力，训练其视觉专注性。

PLAY：

◎在室内或者室外选择一个较大的物体作为视觉目标物，保持距离适中。

◎用手指指向目标物，让宝宝顺着手指的方向进行观看。

◎爸爸妈妈配合声音介绍，从而尽力延长宝宝集中注意力注视的时间。

◎可适当地重复或者更换观看的物品，让宝宝增强视觉印象与好奇心。

大脑小课堂

　　宝宝掌握注视方法之后，视觉能力进入一个新的阶段，视网膜中心部，也就是眼睛所有部位中最善于观察细小物体的部位，得到极大的开发。因此，对宝宝进行观察能力训练时，要尝试不断改变对象的运动方向、运动速度等。

视觉辨识 缤纷的色彩天堂

效果： 当宝宝对三原色有了辨识之后，进一步加强对其他颜色的辨认。

PLAY：

◎选用五颜六色的积木，或者彩色铅笔，以与上个游戏相同的方式展示给宝宝，并明确告知宝宝具体的颜色种类。

◎可指认生活中各类物品的颜色，巩固宝宝的色彩辨识能力。

◎还可根据宝宝的辨识能力，从纯色到慢慢增加颜色组合方式，每次练习不超过三种。

大脑小课堂

　　一般情况下，宝宝最先认清的会是红色。这是需要一个反复的过程，需要一直坚持才会看到效果。因此，在游戏过程中，记得注意每次让宝宝区分的颜色要从一两种开始，慢慢增多。

蓝、绿、红小天地

效果： 在宝宝对颜色有感知能力之后，进一步加强宝宝对色彩的认识。

PLAY：

◎准备好拥有蓝、绿、红三种颜色积木。将这些不同颜色的积木，分别展示给宝宝，并用语言告知宝宝具体颜色的种类。

◎多次重复，让宝宝在同一时间里，记住各种颜色的名称及特征。

◎一段时间后对游戏结果进行检验，并适当地增减难度。如，将积木打乱，当说出一种颜色，看宝宝是否能迅速选出相应的积木。

◎也可以同时展示两种颜色的积木，询问宝宝哪个是红色的，或询问宝宝更喜欢哪个颜色。

红色是哪个？

吸管吮吸：高难度的吮吸动作

宝宝的吮吸反射在妈妈肚子里时便已形成，所以宝宝能自发地吮吸母乳。出生1~2个月之后，宝宝的吸啜反射逐渐减弱，因此爸爸妈妈要逐渐培养宝宝用吸管吮吸。经过吸管之类的游戏训练，可让其学会更高级的吮吸方法，从而为之后直接用杯子喝水做好前期准备。

训练重点

◎训练宝宝的吮吸能力　　◎促进宝宝的协调能力

口腔活动 奇妙的吸管杯

效果： 从吮吸母乳的方式进行提升，教宝宝用小嘴吮吸。

PLAY：

◎ 准备一个小吸管杯或学饮杯，管口大小适中。杯内盛放小部分水，或其他宝宝爱喝的饮料。亲切地告知宝宝，这是吸管，里面是好喝的，同时在宝宝面前做吸食的动作，鼓励宝宝进行模仿。

◎ 将吸管杯送到宝宝面前，帮助其张嘴咬住吸管进行吮吸，慢慢转为宝宝自动抓握吮吸。

真好喝！

可以活动的吸管

效果： 让稍大一些的宝宝进一步掌握自主吮吸的方法与技巧。

PLAY：

◎ 当宝宝能较熟练地用吸管杯吮吸时，可换用活动的透明吸管。

◎ 准备透明轻巧的杯子，将活动吸管放入其中，妈妈做吮吸示范，之后让宝宝模仿，并进行自行练习。

◎ 由于吸管会动，所以让宝宝尝试多次，直到嘴巴能吸住吸管，也可让宝宝配合双手进行练习，从而进一步灵活手指。

大脑小课堂

　　对习惯了母乳吮吸的宝宝而言，用吸管吮吸是一项相对复杂的工程，需要注意吮吸的方式，妈妈要让宝宝自主把握吮吸的量与力度，还要了解吸的力度和吸入量的关系。这是训练宝宝口腔能力的一项重要技巧，可反复练习。

触感大本营：体验多重感觉的新鲜刺激

　　宝宝的身体对外界的感知能力逐渐增强，他的皮肤会接收外界信息，让它们透过神经中枢传递给大脑进行分析，并且在必要时转换成肢体动作。此时，宝宝身体的触感可与听觉、视觉等几种感觉相互贯通起来，从而获得更加美好的体验。

训练重点

◎提升触觉经验　　◎促进多种感觉的统合

 感觉统合 ## 洗澡时间欢乐多

　　效果： 给宝宝的身体进行触摸按摩，让宝宝对身体部位有初步认识。

　　PLAY：

◎给宝宝准备洗澡物品，一边帮宝宝洗澡，一边用手指有规律地按压其全身。

◎在洗澡时，可同时让宝宝学着初步认识自己的身体部位，每洗到一个部位，告诉宝宝，"这是小手"、"这是肚子"等。

◎让宝宝学着妈妈的动作，对自己的身体部位进行轻轻按摩，让宝宝具备不一样的体验。

◎用软刷或布巾轻触宝宝的肌肤，分别用洗脸巾、海绵或戏水玩具轻拍宝宝的身体。

◎可以开始教宝宝认识冷水和热水。

这是小手。

千奇百怪大碰触

效果： 让宝宝接触各种各样触感的物体，给宝宝的大脑带来感觉刺激。

PLAY：

◎准备一条结实但柔软的毛毯或其他织物，将宝宝包在里面翻滚，让宝宝全身活跃起来。

◎用棉被制造一个平坦的小斜坡，让宝宝在妈妈的协助下沿着斜坡慢慢滚下来。

◎带宝宝到户外，引导其去触摸不同质感的小草、路面，或沙子、泥土。

指部训练：促进手眼协调

这个时期的宝宝，他的大拇指开始能够配合其他四指完成抓握的动作，已经可以主动地抓住东西了。8个月的宝宝多半能把东西从一只手倒到另一只手上，还可以自由拍手，或将两手中的东西对敲。这时，需要爸爸妈妈很好地引导，从而完成各种简易的精细动作。

训练重点

◎训练宝宝的手指拿捏能力　◎学会双手配合　◎促进宝宝的手眼协调　◎掌握部分简单的精细动作

 ## 会漂的积木

效果： 培养宝宝的精细动作能力，训练宝宝的动手能力。

PLAY：

◎准备一套海绵或用塑料泡沫制造的沐浴积木，或者爸爸妈妈将海绵割成各种有趣的形状和大小。

◎告诉宝宝如何把海绵积木压在浴盆壁上，把水挤出来。

◎与宝宝一起，将海绵积木推到浴盆底，然后再让它们漂起来。

◎之后再把这些海绵积木分别一块一块地摞起来。

◎让宝宝自由挪动漂浮在水面上的积木，还可鼓励宝宝把小块的搭在大块上面。

灵活的小手

花样手指

效果：训练宝宝两指拿、捏的技能，锻炼大脑额叶联络区，提高手指运动能力。

PLAY：

◎ 准备轻巧易拿的小玩具，可以不同材质和大小。

◎ 妈妈与宝宝并排而坐，妈妈先给宝宝示范弯曲手指并徒手捏东西的手势，主要运用拇指与食指，引导宝宝模仿。

◎ 将手势运用到玩具上，初期训练时可配合其他手指一起，进行全手掌拿捏，再慢慢发展到拇指、食指精细捏取。

◎ 当宝宝能顺利地捏起物体后，引导宝宝自发地变换其他手指进行相应练习。

大拇指会唱歌

效果：进一步训练宝宝掌握精细动作，并逐步提升语言理解力。

PLAY：

◎ 准备一支笔，妈妈用笔在双手大拇指的指腹上画上一张笑脸。双手做握拳状，藏好大拇指，把手攥紧，伸到宝宝面前。

◎ 模仿《两只老虎》的曲调，唱："大拇指呀，大拇指呀，在哪里？在哪里？"先伸出一个大拇指，再伸出另一个，唱着："我在这里，我在这里。"弯曲一个大拇指作鞠躬状，唱："你好吗？你好吗？"另一个大拇指鞠躬回礼，唱："谢谢你呀，谢谢你呀，我很好，我很好。"把一只手放到身后，然后另一手也放到身后，继续唱："我要走啦，我要走啦，再见吧，再见吧！"

我在这里，我在这里。

大脑小课堂

　　小宝宝的手指操作能力一般是从不随意到随意、从不准确到准确、从粗略到精细，这个发育过程正反应了神经系统的发育过程。所以指部动作的训练对大脑的发育有很好的促进作用。

空中小钢琴家

效果： 让宝宝学会灵活弯曲各根手指，促进其灵活性与协调性。

PLAY：

◎妈妈与宝宝相对而坐，让宝宝学习自己将手指张开进行舞动。

◎五根手指一起慢慢收缩握紧，变成一个拳头，然后松开，反复几次。

◎让宝宝将手平摊，每一根手指分别尝试着自由弯曲，刚开始时可由妈妈帮忙。

◎手掌向下，一根一根手指地进行向下活动，幅度逐渐增加，就如同空中弹钢琴一般。

自由自在地爬行：全面开启自发性活动

经过前期俯卧抬头训练，也随着身体不断成长发育，宝宝在这时候已经能爬行，少数宝宝甚至可以扶着东西走，可以独站几秒了。这个阶段应让宝宝多爬爬，爬行和增强下肢的力量是最好的大动作训练。

训练重点

◎教宝宝掌握各种不同的运动方式　　◎训练大脑与身体各部位的协调运作

 ## 手脚并用往前爬

效果： 让宝宝学会用双手和双膝交替前进的爬行方法。

PLAY：

◎将宝宝放到床上或干净的地板上，用玩具逗引宝宝。宝宝最初用肚子贴着床面匍匐爬动，用玩具逗引，能引导他俯卧抬头抬胸，使用上肢把上身撑离地面。

◎训练一段时间后，将宝宝的肚子托起，把腿交替性地在腹部下一推一出，然后继续用玩具吸引宝宝，促使其使出全身的劲向前匍匐爬行。

◎爸爸妈妈稍稍用力顶住宝宝的双腿，给他一点支持力，协助宝宝爬行。每天练习数次，训练宝宝用手和膝盖爬行。

看看宝贝会爬了

效果：增强四肢的支撑力，让宝宝真正学会爬行。

PLAY：

◎当宝宝学会了用手和膝盖爬行后，让宝宝自由地趴在床上。

◎用双手抱着宝宝的腰，使得其两个膝盖离开床面，小腿蹬直，两只胳膊支撑着。

◎轻轻把宝宝的身体前后晃动几十秒，然后放下来。

◎每天练习3~4次，会大大提高宝宝胳膊和腿的支撑力。

◎当宝宝支撑力逐渐增强，抱住宝宝的双手施力可适当增强，以促使宝宝往前爬。

◎训练一段时间后，可以根据情况试探着松开手，用玩具逗引宝宝，并用语言鼓励宝宝，宝宝就能慢慢学会真正的爬行了。

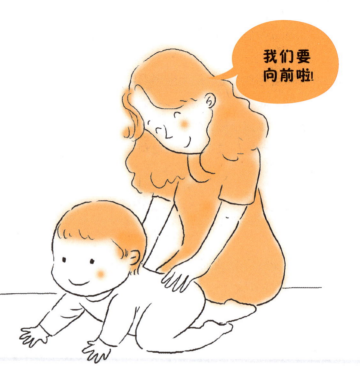

我们要向前啦!

爬行实战 ## 自由自在乐呵爬

效果：让宝宝掌握正确的四肢爬行的方法，引导宝宝朝各个方向爬行。

PLAY：

◎选择足够大的空间，供宝宝自由爬行。

◎用玩具或其他方式，设定一个方向，鼓励宝宝灵活利用四肢，努力向前爬行。

◎鼓励宝宝逐渐加快爬行速度，妈妈在旁边可配合做一定的节奏。

◎不时改变玩具的位置，让宝宝慢慢调整爬行方向，学会转弯，继而向后方倒退爬行。

◎当宝宝能自如地掌握爬行方法后，继续引导其向左、向右转圈爬行。

翻山越岭小冒险

效果：继续培养宝宝的大动作技能，锻炼身体的协调性。

PLAY：

◎准备很多枕头和垫子，把枕头靠垫堆成一个大垛，让宝宝可以安全地玩好玩的攀爬游戏。

◎扶稳宝宝，帮他爬上"枕头山"，然后胜利地站在上面。

◎如果有长方形的枕头，爸爸妈妈可以将它们摆成台阶的样子，鼓励宝宝进行攀爬。

◎这个游戏一定要注意安全，爸爸妈妈得抓稳宝宝，以防他从高处跌下来摔伤。

越来越高喽！

大脑小课堂

爬行练习是自发性活动的开端，正确的四肢爬行训练能够为宝宝顺利地掌握双腿行走方法奠定基础。而这样的游戏也是宝宝特别喜爱的，可经常进行。

记忆认知全体验：训练大脑运转速度

随着宝宝不断成长，他逐渐具备一定的思维和判断能力，会开始有自己的较明显的喜好与其他多种情绪。同时，这些也关乎到宝宝的想象力、对物体永存的（恒存）认知能力、记忆能力，促进这些能力的发展，训练大脑运转速度，可以使得宝宝认知水平和学习能力不断提高。

训练重点

◎加强对事物的认知与记忆　　◎训练宝宝的思维　　◎认识物体的永存（恒存）　　◎自主探索与学习

 ## 宝宝猜猜在哪里

效果： 加强宝宝的记忆练习，引导宝宝牢记快速做出相应反应的方法。

PLAY：

◎妈妈将双手张开，手心朝上，在一只手上放置糖果、玩具等之类的小物品，让宝宝观察。

◎当确定宝宝看到物品之后，妈妈将两只手都握紧，伸到宝宝面前，并问宝宝："宝宝猜猜糖果在哪里？"引导宝宝伸出手指，寻找并指向握有糖果的一只手。

◎宝宝观察和寻找的时间，要根据宝宝的情况以及对游戏的熟练程度进行调整，看宝宝发现玩具的速度是否越来越快。

今天的美好记忆

效果： 培养宝宝对事件的记忆能力，加快大脑的运转。

PLAY：

◎准备一把舒适的椅子，或带宝宝到其他舒服惬意的地方。

◎跟宝宝轻轻说话，以提问回答的形式进行，妈妈帮助宝宝进行回忆和回答。

◎如，问宝宝，"我们刚刚做了什么呀？""我们到公园跟其他的小朋友玩，是不是啊？"还可以提问看到的相关人、事，或具体细节等，帮助宝宝回想更多的内容。类似的形式可以反复进行，也有利于训练宝宝的语言理解和表达能力。

我们刚刚做了什么呀？

寻找美味食物

哈！原来在这里。

效果： 在探索中加强对物体恒存性的理解，也进一步训练宝宝思维能力。

PLAY：

◎准备一条干净的毛巾、几块小点心、几只不透明的茶杯或其他小容器。

◎将一块不粘手的小点心展示给宝宝看，确定他看到之后，用毛巾或餐巾盖起来。

◎引导宝宝自己掀起毛巾或餐巾，发现刚刚"消失不见"的点心，激起他的好奇心。

◎在游戏中，可增添魔术的灵感，如把两小块食物放在宝宝面前，然后用不透明的茶杯把它们分别盖住。再放上几个空的茶杯，打乱这几只茶杯的位置，然后让宝宝一个个拿掉茶杯，直到发现他的点心。

看看发生了什么

效果： 训练宝宝对身边事情及变化的关注，并慢慢感知和理解其中的因果关系。

PLAY：

◎在日常生活中随时随地引导宝宝关注生活里的各种小变化，由简到繁。譬如轻按电灯开关、开关橱柜门或抽屉等，并配合语言告知：天黑要开灯，天亮要关灯……让宝宝具备这些因果意识。

◎随后可扩展成更生动的游戏，如把一只球从地板上滚向宝宝，或把一个毛绒玩具放在桌子边上，然后把它推下去掉到椅子上。慢慢让宝宝不断增强发现能力，并形成主动去发掘探索的好习惯。

大脑小课堂

当宝宝听觉、视觉、触觉和对语言的理解能力都获得不断发展，宝宝对这个世界进行更多的观察，就有了探索欲望，好奇心和兴趣感驱使他在这方面做更多的努力。平时可以多给宝宝机会去了解生活中的方方面面，让他去自己学习。这是宝宝自然观察智能、身体–动作智能、人际智能等的多维统合。

小小生活自理家：自主完成活动的能力训练

半岁以后，宝宝身体与大脑逐渐成长到一定阶段，妈妈可开始有意识地对其进行自理能力训练，让宝宝逐渐学会自主独立地完成一些活动。

训练重点

◎训练宝宝的自主意识　　◎初步培养宝宝的良好习惯

 生活规律 **饮食有规律**

效果： 在饮食过程中，慢慢训练宝宝具备一定的规律性，从而更有利于宝宝以后的身体发展。

PLAY：

◎这个阶段的宝宝，饮食可以奶类为主，并试着逐渐增加辅食，辅食的类型也可不断丰富。

◎一般情况下，保证三餐二点，进食定时、定点，夜间可停喂。

◎慢慢训练宝宝扶着杯子喝水、用勺进食、用手拿饼干吃。

◎添加辅食也要注意循序渐进，且不断耐心尝试，不强迫宝宝进食。

 自理训练 **我一个人玩**

效果： 让宝宝逐渐减少对于爸爸妈妈的依赖性，增强宝宝的自主能力。

PLAY：

◎白天，宝宝即使与爸爸妈妈或其他大人在一起，也可在保证其安全的情况下，不刻意去逗弄宝宝，让宝宝在大家身边独自玩耍一会儿。

◎当宝宝晚上醒来时，如果没有很强烈地哭闹，可让宝宝独自玩耍一会儿。

◎最开始训练时，宝宝独自玩耍的时间可能较短，所以需要时刻注意宝宝的情绪，同时一定要注意保障宝宝独自玩耍时的安全。

宝宝乖乖睡

效果：让宝宝养成良好的睡眠习惯，让生活变得更加规律。

PLAY：

◎在条件允许的情况下，循序渐进地培养宝宝独自入睡的习惯。

◎逐渐让宝宝的睡眠时间规律起来，如，让宝宝每日睡眠3~4次，白天睡2~3次，每次1.5~2小时，夜间睡7~9小时。

◎在宝宝睡觉的过程中，形成良好的睡眠习惯。同时尤其注意，夜间宝宝不醒，可以不换尿布、不喂食。若夜间把尿或喂食尽量不要和宝宝说话，不要逗引他。

睡着的宝宝最安静！

大脑小课堂

　　这个阶段自理能力的训练，主要是让宝宝逐渐养成有规律的生活，如洗脸、洗澡、饭前洗手，大小便坐盆的习惯。爸爸妈妈要放手让宝宝自主地去尝试做一些活动，并在练习中不断提升活动技能，同时在必要的时候给予帮助、指导和支持。

全脑小活页

丰富的生活体验挖掘宝宝无限潜力

每位宝宝内心深处都住着一个沉睡的巨人，有待爸爸妈妈们耐心唤醒，这个巨人便是宝宝的大脑潜能。经过众多早教专家反复验证表明，0~3岁宝宝的教育主要在于激发潜能，而爸爸妈妈能做的，则是通过感官和亲身体验，尽可能多地丰富宝宝的生活体验，充分挖掘出他的潜能，从而打造出潜力无限的天才宝宝。

◆适合宝宝的才是最好的

每个宝宝由于自身多方面情况各不相同，潜能教育方式也应有所差异，爸爸妈妈应注意因材施教。跟宝宝玩游戏或传授新知识时，切忌过于急躁，要耐心等待宝宝的成长。要根据自己的宝宝的实际情况，仔细观察并充分发掘宝宝的兴趣点与擅长之处，去培养他。

◆学会专注才能有更大的收获

专注能力也就是宝宝集中注意力的能力。通常情况下，注意力集中的宝宝更容易接受新的资讯，并转化为活跃的大脑思维。所以，在游戏中，爸爸妈妈首先要刺激宝宝的学习兴趣，让宝宝能在专注之中获得更大的收获。

◆刺激大脑是一项反复的工作

宝宝在成长的过程中，不断需要来自外界新的刺激，但同时更应当在原有的基础上反复刺激大脑，让潜能转化为实在的多维能力，进而提高宝宝的智力。

◆相信自己能，一切才有可能

自信是一切活动成功的源泉，当宝宝缺乏自信心时，就很容易对新刺激产生恐惧感，从而让好奇心和相关潜能的开发受到一定的影响。所以，在日常的游戏活动中，应当要让宝宝知道，他可以做到很多他未曾预料的事情，经常告诉宝宝他很棒。

◆不在宝宝的世界画地为牢

爸爸妈妈都渴望子女成才，但在日常生活中，爸爸妈妈不应按照不合时宜的标准限制宝宝的发展，而是要给宝宝营造出一个能够体验自由氛围和丰富经验的游戏环境，让宝宝能充分地发挥出天生的潜力。

Babies Crawling: 10~12 Months Old
爬行期：10~12个月

基本技能表现

多数宝宝能做到
· 能够正确地区分、叫出"爸爸"、"妈妈"了
· 能用手势表示自己想要什么
· 会摆手再见了
· 能稳坐较长时间，能自由地爬到想去的地方

少数宝宝能做到
· 能用彩笔涂鸦
· 能理解大人相当多的话
· 会使用一些单音节动词，能指认事物和图画
· 能够站稳10秒，或者能独立行走三四步

半数宝宝能做到
· 除了"妈妈"、"爸爸"外，能说个别单字
· 明白一些简单的指令
· 能把东西放到一个容器中
· 可以玩拍手和躲猫猫游戏
· 能独立站立，扶着一只手能走，推着小车能向前走

10个月后，宝宝的手部更加灵活，手眼协调性得到提升，听力、视力都有了进一步的发育。宝宝四肢力量不断增强，全身肌肉力量也增强了，精细动作能力也有了提高。这个阶段宝宝游戏学习的重点是注意巩固提高语言能力，增强大动作技能与精细动作能力，并逐步培养独立意识。

宝宝话语变单词：引导正确词汇和快速记忆

10~12个月的宝宝，第一个说的词通常是"爸爸"或者"妈妈"，且能清晰地发声。除此之外，宝宝还渐渐知道家里人的称呼、物品的名称，并能听懂故事、回答问题和学动物声音。所以，这个阶段是宝宝咿呀学语的黄金时段，是其语言启蒙的最佳时期。语言能力的提升也有助于宝宝人际智能的开发。

训练重点

◎从婴儿话语变为正常词汇
◎语言智能的多维开发
◎加强对语言的具体理解
◎促进认知能力训练

这是灯。

语言感觉　灯的狂欢节

效果： 运用词的概括作用发展思维，提高宝宝对言语的理解力。

PLAY：

◎日常生活中，引导宝宝观察各种各样的灯，如台灯、吊灯、壁灯、红灯、绿灯、日光灯等。

◎走近或者以合适的距离，指示不同的灯给宝宝看，并告诉宝宝，"这是灯"。

◎将灯打开再关上，使他了解灯的共同特点。

◎训练一段时间后，问宝宝："灯呢？"启发他指出所有的灯。

◎此游戏可以扩展到家中的"球"、"鞋子"等其他物品，确保宝宝能明确指认。

听指令拿东西

效果： 发展言语及社交能力，训练宝宝的语言与社交智能。

PLAY：

◎准备一些宝宝已经认识了的玩具，如小熊。

◎将小熊放在离宝宝几步远的地方，对宝宝说："宝宝把小熊拿给妈妈。"

◎当他拿过来后，告诉他："请把小熊放到桌子上。"并指指桌子。

◎可适时地转换指令，让宝宝不断参与实践，让他按要求做各种动作。

◎当宝宝成功完成一系列动作时，进行适当地夸奖："宝宝真棒！"

听听《晚安歌》

效果： 每天睡觉前给宝宝唱一首自编的《晚安歌》，促进宝宝的语言能力发展的同时，也可增进宝宝与爸爸妈妈的亲子关系。

PLAY：

◎选一首熟悉的摇篮曲或宝宝喜欢的轻柔歌曲。填上类似下面这样的歌词，就可以唱给宝宝听了。

"晚安，宝贝，

我亲爱的宝贝。

妈妈爱你，

爸爸喜欢你。

……"

◎最好能把歌中的"宝贝"换成宝宝的名字，而且隔一段时间换一下歌词内容，可密切地结合宝宝每日的生活内容进行歌词互换。

动物大聚会

效果： 通过对各种动物声音的发声与模仿，发展宝宝的语言能力和记忆力。

PLAY：

◎准备印有各种动物的卡片，给宝宝讲一个"唱歌比赛"的故事。

"有一天，小鸡、小鸭、小狗、小羊、小猫比赛唱歌。小鸡先唱'叽叽叽'，小鸭接着唱'嘎嘎嘎'，小狗抢着唱'汪汪汪'，小羊慢慢唱'咩咩咩'，小猫最后唱'喵喵喵'，好听极了！"

◎每学一种小动物叫，就出示图片给宝宝看，或者说动物名称时指着图片，学小动物叫时做有趣的固定的动作。

◎反复多次后，再问宝宝："小鸡怎么叫？"请他一一模仿动物的叫声和动作。

小鸡叽叽叽～
小狗汪汪汪～

大脑小课堂

语言学习与训练的关键因素是不断被激发的兴趣和正确的引导。爸爸妈妈在语言游戏中，要尽量以饶有兴致的语言引起宝宝的兴趣，再以生动的语言同宝宝一起游戏。

小嘴舌头巧分工：锻炼嘴部运用能力

　　宝宝的嘴是一个十分灵活的器官，它在宝宝的成长过程中占据着十分重要的角色，不仅决定着宝宝对食物的摄取，对外界事物的感知，而且还同宝宝的说话和能力息息相关。所以，训练宝宝的嘴部运用能力，将促进宝宝的多感互通。

训练重点

◎训练宝宝嘴的运用能力　　◎促进宝宝舌头的灵活性

 舌头运动

舌头的妙用

效果：在进食时训练宝宝舌头的运用能力。

PLAY：

◎在宝宝的嘴角涂抹一点的食物，让宝宝试着用舌头去舔。

◎宝宝进食时，妈妈也可有意识地协助宝宝将食物咀嚼或搅拌后吞下。

◎当宝宝能完全吃下固体食物，即意味着宝宝的舌头活动逐渐进入成熟状态。

扮呀扮鬼脸

效果：在游戏中训练宝宝舌头的灵活性，为宝宝以后说话做好准备。

PLAY：

◎宝宝心情愉快时，妈妈与宝宝相对而坐，一起玩伸舌头的游戏。

◎首先，妈妈对着宝宝伸出舌头扮个鬼脸，张开嘴，让宝宝看嘴角的舌头活动，并让宝宝跟着学。

◎在练习说话时，妈妈偶尔发个舌音，并多次重复，让宝宝跟着发音。

伸舌头。

我们来亲亲

效果： 训练宝宝双唇闭合的能力，并在游戏中增进与宝宝的交流，促进亲子关系。

PLAY：

◎ 逐渐尝试给宝宝用勺子喂食，刚开始时宝宝几乎还不会用嘴来抿食物。妈妈可将勺子放进宝宝口中后，用手指轻压宝宝的上唇，诱使宝宝完成"抿"的动作，并逐渐让宝宝自行完成。

◎ 当宝宝成功完成抿的动作后，可进行"亲亲"游戏，妈妈首先给宝宝进行示范，促使宝宝双唇闭合的能力。

◎ 经过反复的训练，宝宝慢慢可学会用双唇包住杯子喝水了。用同样的方法，学习"吸"的动作。

纸片飞呀飞

效果： 让宝宝的嘴部开始学着活动起来，同时通过各种纸花飞舞，丰富宝宝的视觉与想象能力。

PLAY：

◎ 准备材质较轻的、五颜六色的纸。

◎ 将纸张撕成小条，示范轻轻地吹，让纸片飘舞起来。

◎ 当宝宝表现出一定的兴趣时，仔细示范吹的动作，并将纸条放到宝宝嘴边，鼓励宝宝跟着模仿。

◎ 做吹的示范时，动作幅度可相对较大，让宝宝能明显感觉到风的存在。

◎ 刚开始宝宝可能还不能完全将纸吹起来，需要妈妈进行帮忙。但一定要让宝宝动动嘴唇进行尝试，直到能独自吹起来。

咀嚼与吞咽：学会吃东西的基本动作

一般情况下，4~6个月是宝宝学习咀嚼和吞咽的起步阶段，这一阶段比较适合添加泥糊状的食物。10个月以后，大多数宝宝都长了牙齿，宝宝的口腔动作也越来越丰富，咀嚼吞咽动作协调，渐渐地可以用牙齿咬碎再咀嚼，这时应该给宝宝喂养较粗的固体食物，多吃粗粮。

训练重点

◎训练宝宝咀嚼后的吞咽能力　　◎增进宝宝的味觉感知能力

"啊，吃完了"

效果： 使宝宝逐渐接触较粗的辅食，掌握咀嚼后的吞咽的基本动作。

PLAY：

◎在吃东西时，妈妈首先给宝宝做出示范，示范时要确保宝宝能够看清自己嘴部的运动。

◎然后将食物放进宝宝口中，确保食物放的位置在具有味蕾的舌尖部位。

◎跟随宝宝嘴部动作的节奏，模仿出咀嚼的声音，并告知其吞咽的时间。

◎最后，发出"啊"的声音，让宝宝伸出舌头，检查食物是否全部吞咽完毕，从而让宝宝形成这个意识，每次吃完都自觉地张开嘴"啊"，告诉妈妈自己吃完了。

啊！

大脑小课堂

学会吞咽是日后摄取固体食物的重要前提，爸爸妈妈要在日常生活中做好典范，利用宝宝爱模仿的特性，经常示范咀嚼动作给宝宝看，每口食物应慢慢咀嚼，最好每口咀嚼10次以上。在游戏过程中，要常询问宝宝是否口渴、是否需要喝水。

先看看再尝尝

效果： 使宝宝逐渐接触较粗的辅食，掌握咀嚼后吞咽的基本动作。

PLAY：

◎ 准备一些较粗的固体食物，如水饺、馄饨、米饭，或者其他纤维不太多的成人食物。

◎ 将食物拿到宝宝面前，让宝宝进行观察，帮助其理解将要吃的食物的种类。

◎ 让宝宝张开嘴，将食物放在舌头的前侧，引导其闭上嘴巴，开始咀嚼，使宝宝牢记正确品尝食物的方法。

◎ 最后引导宝宝完成吞咽的动作。

视觉想象与追踪：五感记忆的统合

经过前阶段的视觉进阶训练，宝宝视觉能力已经发展到一定程度，这个阶段可继续加强训练，并稍微加大难度，从而进一步地提升宝宝的视觉辨识能力，包括对形状、色彩和空间变化的认知和分辨能力的培养，同时也不可忽视手眼协调力的提升。

训练重点

◎ 训练视觉想象能力　　◎ 促进五感统合

 ## 一一对应

效果： 在训练中，不断促使宝宝对相应物品进行记忆，加强视觉神经与大脑的互动。

PLAY：

◎ 准备一套分别印有图片与文字的卡片，上面一般是宝宝熟悉的动物或其他物品。

◎ 每天拿出配套的两张图卡与字卡，不要问宝宝卡片上写的是什么字，只要给宝宝看每张卡，并且说出上面的字就行了。

◎ 鼓励宝宝将两张卡片放到一块，仔细观察。

◎ 每日在宝宝面前闪示卡片四次，并一次一次巩固宝宝的记忆，每天用一张新卡取代一张旧卡。

 投物进洞

效果： 培养宝宝可以把物体的外观、触感、气息、味道，或者一连串动作与声音记忆起来的能力。

PLAY：

◎准备一个壁上有几个小洞的纸箱，以及一些宝宝能抓握起的、大小不一的玩具。

◎指引宝宝将玩具分别塞进各个小洞里，并让宝宝不断多次尝试，以便能相互匹配。

◎游戏的过程中，要不断与宝宝进行情感互动，投进去了夸奖宝宝，没投进去鼓励宝宝继续投，或引导其转换方法。

◎当物品都投进去后，问宝宝："小玩具哪去了呢？"让宝宝慢慢思索并指出答案。

 **大脑小课堂**

这个游戏可以让宝宝在日后学习说话时具备用大脑想象文字意象的能力。

空间智能小天地：感知物体的空间关系

这个阶段是宝宝空间智能发展的重要时期。随着思维能力的逐渐提升，宝宝对空间开始有自己独有的兴趣与感知。同时，宝宝自主独立的游戏能力越来越强，在空间关系上有自己独特的体会方式。

训练重点

◎锻炼对空间的感知能力　　◎促进身体各个部位的协调

满了，空了

满了，满了。

效果： 培养宝宝对"满、空"的空间关系的理解，提升手眼协调性。

PLAY：

◎准备一个大塑料盆，一些塑料杯、碗及其他容器。

◎游戏最好在厨房或洗手间里玩，并在地面上铺上垫子或毛巾。

◎在塑料盆里装半盆水，然后把各种用来舀水的容器摆在旁边。

◎告诉宝宝怎样把水从盆里舀出来，再倒回去，增强游戏的乐趣。

◎等他会做了以后，再教他用小杯子或小碗把水舀到大杯或大碗里。

小绳串呀串

效果： 培养宝宝手眼协调性，增加进食乐趣。

PLAY：

◎准备一根结实的干净线绳或塑料绳，以及一些圆形中空的"O"形谷物食品。

◎在高脚餐椅的托盘或其他不易碎的盘子里，放上"O"形谷物食品。

◎截一段约50厘米长的线绳或塑料绳，在线绳的一端打结或系住一片"O"形的谷物食品，以防它滑下来。

◎教宝宝将线绳穿过"O"形谷物食品的圆孔，直到宝宝能自主地完成串串的游戏。

◎当宝宝对食物有吃的想法，可教他将谷物食品从绳子上取下来，放进嘴里。

　　宝宝的空间智能其实是无限的，需要进行很好的引导与开发，并在游戏中激发宝宝好奇心，让他自发地去探索各种好玩的活动。当然，游戏过程中要特别注意宝宝的安全。

宝宝简易踏步操：正确走路方式的训练

学会爬行的宝宝越来越不满足于单纯的爬行游戏了，他的双脚变得更加活跃，经常有踩踏的动作表现，并不断尝试扶着家具或其他物体站立起来。此时，可以利用宝宝的踏步动作，设计简易的踏步操，从而让宝宝学会正确的走路方式，培养脚底的感觉，为正式走路打下坚实的基础。

训练重点

1.教宝宝习惯踏步运动　　2.学习双脚自由运用的方式

小脚掌动不停

效果：初步锻炼宝宝扶着其他物体站立的方法，为正式走路做好准备。

PLAY：

◎在床上放一个小玩具，引导宝宝蹲下身体去取。

◎之后鼓励宝宝扶着床沿，从蹲位站起来，将玩具递过来。

◎也可站在沙发一端，做踏步动作，让宝宝跟着模仿，并扶着沙发从一头走向另一头。

◎当宝宝成功做到某些动作时，要对宝宝进行夸赞。

左脚右脚左脚

效果：教会宝宝脚跟落地、脚尖蹬地等一连串走路的动作，培养脚底的感觉。

PLAY：

◎扶着宝宝双脚踏在地上，按住宝宝的脚背，逐渐减弱手的按压力度，让宝宝体会脚底触地的感觉。

◎引导宝宝抬起脚，让宝宝脚跟落地，慢慢将重心从后方转移至前方。

◎逐渐帮宝宝抬起脚跟，当脚跟离地时，教宝宝脚尖用力蹬地，同时另一只脚向前迈出，脚跟落地，左右脚依次反复进行。

左脚，右脚，左脚……

在这个阶段，给宝宝创造一个宽松自由和安全的环境，不但可以促进他的翻滚、坐、爬、站和走等大运动能力发展，还可以促进认知能力的进步。

选选最爱的玩具：培养个人喜好

这个阶段，宝宝有情绪了，越来越有个性，会用多种方式表达自己的喜怒哀乐，对外界物品也已经具备较明确的喜欢与厌恶，还能渐渐对事物进行简单的分类。所以，此时可以逐步锻炼宝宝的内省智能。

训练重点

◎学习对物品进行分类　　◎训练精细动作能力　　◎自主地选择自己喜欢的事物

挑选练习 你最喜欢谁

效果：同宝宝玩玩具，训练宝宝自主地选择自己喜欢事物的能力。

PLAY：

◎将宝宝的各种玩具分别逐一摆放，在宝宝面前欢快地玩游戏，吸引其注意力。

◎让宝宝参与到游戏中，并鼓励宝宝自己挑选玩具，观察宝宝的喜好。

◎玩完后，把宝宝自己选择并多次玩耍的玩具集中起来，当着宝宝的面放到某个位置，并告知宝宝："妈妈放在这里了。"

◎等宝宝再想玩时，引导宝宝进行回忆："玩具放哪了？"最后直到宝宝能自主回忆起来，并进行拿取。

◎在反复游戏中，培养宝宝"牢记玩具存放的位置，再次想玩时，自己拿取"的习惯。

 分类练习 **爬格子啦**

效果： 培养宝宝对物品的分类能力，锻炼精细动作。

PLAY：

◎ 准备一个带格子的托盘，收集各种各样的小物件，比如贝壳、橡胶球等，但注意不能太小。

◎ 指导宝宝如何将物品放到托盘的每个格子里，等每个格子都装满时，再倒空。

◎ 随后教宝宝将同一类物品放置到一个格子里，并用话语鼓励宝宝自己进行分类。

◎ 随着宝宝分类能力的增强，可适当增加整理、搭配、分组的难度，比如按照颜色和形状分类。

觅食的小宝宝

效果： 锻炼宝宝的手眼协调性。

PLAY：

◎ 准备几个小碗和带盖的小容器，以及能用手指拿着吃的食物。

◎ 用几只不易打碎的小碗，装上宝宝爱吃的、各种颜色的、能用手指拿着吃的食物，比如小块的水果，或者小饼干等。

◎ 提供给宝宝几个空碗碟，鼓励他把各种食物混合搭配在一起，或是把食物从一个碗转移到另一个碗里。

◎ 后期将碗换成带盖子的塑料容器，在宝宝放置食物后，教宝宝盖好盖子，然后开启盖子。等宝宝学会后，可让其自行打开。

大脑小课堂

这些游戏都是生活中可以进行的，宝宝也都很乐于参与其中。在游戏中，宝宝大脑多方面的智能都会运用起来。

独立意识：内省与人际智能的突破

10个月的时候，是宝宝生命的一个转折点。这个阶段的宝宝，由依赖大人到渐渐开始独立，身体发育、智力发育等都发生了很大的变化。同时，这个阶段的宝宝比其他任何时候都更期望得到爸爸妈妈身体的支持，以及情感的交流与鼓励，宝宝的内省与人际智能在此得到拓展。

训练重点

◎培养宝宝的生活、交往和情绪能力　◎学习与他人相处、照顾他人

 我能行！

效果：给宝宝创造独立做事的机会，有意识培养宝宝的独立性。

PLAY：

◎鼓励宝宝独立吃饭。

→将切成小块的食物，放到宝宝的盘中，让宝宝自己学着将食物送到嘴中。

→在宝宝面前演示使用勺子的过程，然后让宝宝自己尝试使用。随时注意宝宝送进嘴中的食物，以免食物过多使宝宝发生吞咽困难。

→给宝宝准备一块围兜，以免弄脏衣物。同时给宝宝一块手帕鼓励他自己擦嘴巴。

◎教宝宝自己洗澡的动作。

最初可以帮助宝宝擦洗身体，洗的时候，分别告诉宝宝各个身体部位，逐渐地让宝宝自己"洗"这些部位。不要在意宝宝是否能洗干净，重点是掌握方法。可以最后再由大人清洗一遍。记住不要把宝宝一个人留在浴室或是浴盆中。

我会自己吃饭啦！

3.鼓励宝宝短时间独立玩耍。

在宝宝情绪不错的时候，可以让他一个人短时间玩耍，注意环境以及玩具的安全性。爸爸妈妈要时时查看宝宝的情绪，看他在一个人的时候是否开心，或者有其他情绪变化。

 ## 宝宝爱娃娃

小娃娃乖。

效果： 训练宝宝的精细动作，并开始学习照顾他人。

PLAY：

◎购买或亲手做一个娃娃，配上式样简单、方便穿脱的衣服。

◎在给宝宝换衣服时，将布娃娃拿给宝宝，引导宝宝给娃娃换衣服。

◎抚摸宝宝的脸部及身体部位，同样让宝宝对娃娃做相同的动作。

◎配合声音，让宝宝意识到娃娃也是个小宝宝，需要人照顾，要小心呵护。

爱上游乐园

效果： 促进宝宝与周围环境的适应，增强其人际交往的需求与能力。

PLAY：

◎周末或者其他空闲时间，多带宝宝到游乐场等其他小朋友较多的地方玩耍。

◎鼓励宝宝与其他陌生人打招呼、微笑，教导宝宝不怕生。

◎不断为宝宝丰富生活环境，增加活动种类。

◎创造条件让宝宝多跟年龄相仿的小朋友一起玩。

 **大脑小课堂**

宝宝10个月以后喜欢自己活动，这一时期的宝宝正在形成对感情反应更敏锐的能力，爸爸妈妈应当耐心地允许他以自己的缓慢的方式做一些事情，有意识培养宝宝的独立性。

开启创造力的第六感

所谓"第六感"，是指"好像要发生什么事情"的感觉，也是培养理解事物本质的能力和创造力时不可或缺的感觉。那么，如何从小开始，为宝宝打开这道神奇之窗，进入创造力的"后花园"呢？

◆右脑开发是第六感的直接源泉

在人的大脑结构中，左右脑各有分工：左脑负责意识、理性以及逻辑思维；而右脑负责直观、感性的思维。在宝宝的成长过程中，如果不断地刺激右脑，就能增进第六感和直觉，从而提高创造力。

◆让宝宝的奇妙思维自由驰骋

日常生活中，宝宝时常会说出一些不符合逻辑、毫无根据的故事或设想，爸爸妈妈不能随意批评，更不能打断，应该耐心地聆听宝宝们的情感和想法，而且要给予认同，并不时地提问，让宝宝的第六感能自由驰骋。

◆尊重和支持宝宝的探索欲望

对于外界的一些新奇事物，以及陌生的新环境，宝宝天生就具有探索的欲望。因此，当宝宝对某些事物有强烈的好奇心，爸爸妈妈就应该在保证安全的前提下，尽量满足宝宝的好奇心，让宝宝的创造力无限发挥。

◆通过游戏，刺激宝宝的直觉能力

宝宝在游戏中通常能获得一些无意识的经验和直觉能力，并在过去的经验和基础上感受到他人的想法，这便是第六感。在0~3岁这个阶段，应该通过各种经验和游戏培养宝宝的直觉能力。

◆给宝宝创造空间，独立思考

开动脑筋进行思考，是促进大脑发育的最好方式，而一般情况下，独立思考是启发宝宝潜在直观力的最有效方法。在平时的游戏中，应尤其注意增强宝宝思维和行动的独立性。

◆制造机会，与大自然亲密接触

大自然的纯净与清朗能够让人放松心境，舒缓心情，更能让其思绪飘飞，萌发第六感。平时，可以让宝宝多闻闻花香，享受树荫下的阴凉，倾听流水声和鸟叫声，尽量多接触自然。

Talk and Walk: 13~18 Months Old
能说会走: 13~18个月

基本技能表现

多数宝宝能做到
- 能进行简单的会话
- 有基本的音乐感知能力
- 跟大人一样吃饭
- 能缓步行走，四肢能较好地协调活动
- 感情变化更加复杂，而且能够充分地表达自己的意愿

少数宝宝能做到
- 能根据图片进行简单的联想
- 能进行完整的舞蹈表演
- 较深地理解语言的含义

半数宝宝能做到
- 对图片及文字表现好奇心，具备基本的辨识能力
- 能经过反复听读，学会跟着音乐哼唱
- 能做最基本的舞蹈动作
- 探索心理非常强烈，并逐渐开始迎接新的挑战

　　随着学会走路，1周岁的宝宝活动范围明显增大，手部运动也更加细腻。宝宝正在建立自己真正的人格，可以通过词汇或短句表达自己的感情，也逐渐对外界表现出强烈的探索欲望。这个时期是宝宝感觉和肌肉发育的重要时期，应着力发展他的空间与动作智能，同时注意进一步开发宝宝的自然观察智能与人际智能。

开口说句子：提升理解能力与语言发展

宝宝1~2岁这个阶段，是语言发展最为迅速的时期。从简单的一个词，到说出完整的句子来，其中只需经历几个月。这个阶段的宝宝对任何事物都有强烈好奇心，语言智能的游戏便可以在生活中随时随地展开。

训练重点

◎ 提高语言的理解与组织能力
◎ 训练灵敏的反应能力

生活语言 简单句我也会

效果：训练宝宝用语言表达请求的方法，加强对语言的感知与运用能力。

PLAY：

◎ 日常生活中，宝宝碰到需要爸爸妈妈帮忙的事情，鼓励他用简单的话语表达。如，宝宝要喝水，爸爸妈妈可以教他说："宝宝喝水。"教宝宝由简单的"水水"儿化语表达，逐渐变成相对完整的句子。

◎ 类似的语言训练游戏，要选择宝宝熟悉的、经常进行的活动，且注意由易到难，不宜太拗口。

宝宝喝水！

水水。

押韵小天使

效果：加深宝宝对语言的感知，发展宝宝的语言能力。

PLAY：

◎ 选一首最常给宝宝念的儿歌，而且每句最后一个押韵的词要重读发音，如："小娃娃，甜嘴巴，喊妈妈，喊爸爸，喊得奶奶笑掉牙……"

◎每当读儿歌时，故意加重每句最后一个字的语气，并将前面的字拉长，念成"小娃娃"，以强调最后那个押韵的字。

◎读完儿歌紧接着说："宝宝，说'娃'！"然后你再念一遍"小娃"故意不说出第二个"娃"字，等着他说出来。

◎如此反复进行，使他逐渐能跟着把最后一个押韵的词都说出来。

 ## 小动物大连线

效果：在扮演游戏中，让宝宝学习语言的组织能力。

PLAY：

◎平时爸爸妈妈打电话时，可让宝宝在旁边观望。

◎当宝宝对电话产生兴趣时，可准备一个电话玩具来进行对话游戏。

◎给宝宝看各种动物卡，然后选择一张。告诉宝宝怎样拨号连通这个小动物，号码由简单到复杂。

◎妈妈假扮小动物，跟宝宝在电话里聊天。

乖宝宝大变身

效果：提高宝宝的专注力和视觉追视能力，加强其情境理解力，促进大动作的发展，增强其想象力和创造力。

PLAY：

◎与宝宝一起坐在地上，妈妈对宝宝说："我们一起来学小狗走路，好不好？"

◎妈妈示范学习小狗走路的样子，四肢着地爬行，并引导宝宝模仿这个动作。

◎继续模仿小狗的叫声，让宝宝跟着一起发声。

◎当宝宝能完成这一系列的活动，妈妈和宝宝一起学小狗的动作，从房间的一边爬到另一边，比赛看谁爬得快。

边看边想：视觉想象与阅读能力的培养

此时的宝宝对周围物体表现出越来越大的兴趣，视觉追踪能力不断增强，同时想象能力也在逐步发展中。这将为宝宝进入学习氛围、开始阅读积累一定的基础。

训练重点

◎加速宝宝大脑的运转
◎训练宝宝的视觉想象能力

 阅读启蒙 **宝宝来读书吧**

效果：使宝宝对书有一定印象，让宝宝对书中的图文产生兴趣，为阅读打下良好基础。

PLAY：

◎选择一些版面较大的低幼读物，以16开为宜，以彩色图片为主，只有少量文字，内容最好是有关动物、玩具或其他宝宝比较熟悉的事物。

◎将宝宝环抱在膝上坐着，爸爸妈妈一手拿着书，一手指着书对他说："宝宝瞧！书！这是书！来看宝宝的书！看书！"

◎以一两个简单的单词告诉宝宝每页图片中的内容，如用手指着图片说"这是老虎，老虎"、"小狗汪汪——汪汪——"等。

◎如果宝宝自己指着某图片，爸爸妈妈应立即告诉他手指的是什么。还可让宝宝自己来翻书，并以他的速度为准，尊重他的"读书自由"。

宝宝瞧，这是书！

七彩图案随意拼

效果： 给宝宝在视觉冲击中寻求一种拼图成功的成就感。

PLAY：

◎为宝宝准备各种不同种类的废纸，以及彩色笔与画纸。

◎与宝宝一起，将纸撕成碎片。随后可增加难度，教宝宝撕成特定的形状，如圆形、长条形等。

◎在画纸上画出不同的简易图案，引导宝宝用撕碎的纸片拼出相应的图案。

声音世界：音乐节奏进阶训练

　　音乐与节奏对这个阶段的宝宝已经不陌生了，他能从基本的被动听，变成主动的感知与学习，而且逐渐具备基本的节奏意识。音乐或节奏响起来时，宝宝的身体会不自觉地进行配合与响应，音乐–节奏智能逐渐进入自发阶段。

训练重点

◎进一步熟悉节奏感和节拍　　◎训练对音乐的辨识能力

小小演奏家

效果： 让宝宝熟悉节奏和节拍，同时锻炼大肌肉的力量。

PLAY：

◎准备一些不易破碎的杯子或其他中空玩具，以及一个小木棒。

◎先在宝宝面前示范敲打的动作，首先按顺序，然后打乱顺序，让宝宝仔细聆听和感知。

◎让宝宝自己试着敲打和体会不同的声音与节奏。

◎还可一边唱宝宝喜欢的歌，一边敲打节拍。

石头在唱歌

效果： 让宝宝在不同的声音中体会节奏感，提高分辨声音的能力。

PLAY：

◎与宝宝一起收集各种小石子，大小、个数不同。

◎将石子装进事先准备好的塑料瓶内，封好瓶子的入口，用力摇晃，让宝宝仔细聆听。

◎改变石子的大小、数量，然后引导宝宝感受声音的差异。

◎一边跟宝宝说"听，小石子在唱歌"，一边跟宝宝随着节拍扭动身体。

听，小石子在唱歌呢。

大脑小课堂

音乐细胞就是在这样的游戏中慢慢发展起来的。最初可能只是随意地敲敲打打，慢慢就成了一种身体的自觉。这将为以后的歌谣学习打下良好基础。

探索身体的小奥秘：身体觉知能力发展

随着语言能力的不断增强，宝宝对自己的身体也有了更大的兴趣，试图探索出身体的奥秘。宝宝在游戏中可进一步加强对自身的感知与认识，并由此促进自己的内省智能发展。

训练重点

◎教宝宝系统认识身体部位　　◎加强宝宝身体觉知能力

眼睛在哪里?

效果: 通过宝宝对身体部位的学习指认,促进身体觉知能力。

PLAY:

◎同宝宝面对面坐好,让宝宝直视妈妈。根据前期对身体部位的初步介绍,进一步巩固宝宝对部位与名称的对应。

◎然后,说出身体的某一部位,让宝宝通过回忆指出来。如,问他:"妈妈的眼睛在哪里?"宝宝会用手指向你的眼睛。

◎当熟悉到一定程度,将身体指认对象换成宝宝,指认速度可逐渐加快。

妈妈的眼睛在哪里?

听音乐做按摩

效果: 进一步加强身体觉知能力,促进多感统合。

PLAY:

◎带着宝宝自由坐卧在床上,保持宝宝开心的情绪。

◎播放有一定节奏感的音乐,引导宝宝有意识地跟着音乐节奏拍打自己的各个身体部位。

◎也可结合指认身体部位的游戏,进行按摩,从而让运动细胞与音乐细胞融合起来。

大脑小课堂

宝宝对外界的深度认识,很大一部分还是首先来自对自身的觉知。只有自己有了较清晰的概念,才会更有针对性地去观察周围的一切。爸爸妈妈应抓住这一点,在恰当的时候,教会宝宝这项技能。

方向认知：方位意识的初步建立

宝宝的方向感其实可以从小培养和训练起来。当宝宝能够理解语言的指引并能进行自由活动时，爸爸妈妈便可以将方位认知的游戏训练融入到日常的早教活动中，让宝宝在游戏中快乐地发展他的方位认知。

训练重点

1.教宝宝明白方位的基本概念　　2.训练宝宝对四个方向的感知与判断

玩具车变身

效果：认知不同的方位，同时锻炼手部精细动作。

PLAY：

◎给宝宝准备一种具有内部结构、可以拆装的玩具小车，同宝宝一同进行拆分重组。

◎拆装时，妈妈在一旁要求宝宝进行描述，如，"先安装下面的车轮，然后安装车身"、"后面的座位不要忘了，前面是方向盘"等等。

◎通过反复练习，让宝宝了解前、后、左、右、上、下、里、外等方位知识。

开始寻宝了

效果：在宝宝对玩具的寻找中，认知不同的方位。

PLAY：

◎将宝宝平时喜欢的玩具分别藏在家中不同的方位，藏的位置要方便寻找，并且安全。

◎告诉宝宝，"小熊怪你不理他，自己一个人躲起来伤心去了"、"小汽车说他要搬家了"等等。

◎然后告诉宝宝玩具的具体位置，如"妈妈看见小熊躲进门边衣柜最下边的一层了"等，然后让宝宝去寻找。

小熊原来在这里。

 方位辨识 # 用衣服找方向

效果：有意识地辨识前后左右方位。

PLAY：

◎每天早上起床给宝宝穿衣服时，可以和宝宝玩衣服找方向游戏。

◎当穿上衣时，问宝宝："宝宝的左手在哪啊？快伸出左手来套袖子。"然后再问右手。

◎穿裤子时说："来，先把右腿穿上，再穿左腿。"

◎穿鞋子也可以用同样的方法，有意识地教宝宝辨识前后左右方位。

宝宝的右手在哪啊？

我是一个兵

效果：教宝宝学会左右转、向后转以及前进后退。

PLAY：

◎给宝宝观看士兵训练的视频片段，让宝宝初步了解军人的训练方式。

◎要求宝宝稳步站立，分别教他左右转、向后转以及前进后退的方法，让宝宝听口令做动作。

◎首先一个一个动作地训练，然后可以根据宝宝的熟悉情况混合进行。

◎当宝宝做对动作时，给予一定的奖励，增加宝宝游戏的积极性。如果暂时没做对，应鼓励重来。

跟着地图走

效果：让宝宝在生活中巩固对方位的认知，进行自主辨认。

PLAY：

◎带宝宝去动物园游玩的时候，购买一张标注清楚的导游图。

◎找个地方坐下，和宝宝一起研究导游图。

◎引导宝宝思索：动物园都有什么动物？叫什么名字？它们在导游图上的什么位置？

◎然后让宝宝思考：怎样才能不重复又不遗漏地看完每一个动物？按照图上的指示，哪个动物在前面，应该先看？最后边的动物是哪个？

前庭刺激运动：身体感知能力的多元汇合

前庭刺激可以促使宝宝大脑神经回路的生成，当内耳的前庭系统经由肢体活动获得刺激，就会对身体觉知、空间觉知、肌肉张力以及眼球肌肉的调节功能带来正面影响。1岁宝宝的前庭刺激在成长过程中尤其重要，而平衡感是此时训练的重点。

训练重点

◎针对性地进行前庭刺激活动
◎促进宝宝的平衡感发展

大脑小课堂

宝宝的平衡反射需要爸爸妈妈有效的刺激，这也是身体多个感觉器官的统合。

滑板乐不停

效果：通过滑板运动，体验身体的不同感受，从中获取平衡意识。

PLAY：

◎让宝宝趴在滑板车上，两腿伸直，下巴抬起。
◎确保宝宝的双手牢牢抓住滑板车的两侧，不会被轮子压到。
◎缓慢地推着他跑或转圈，让宝宝在旋转中获得奇妙的感觉。
◎游戏过程中，一定要注意宝宝的安全状况。

蹦跳运动家

效果：通过在床上的蹦跳运动，增加腿部力量，锻炼平衡感和节奏感。

PLAY：

◎将宝宝放在抱枕或床上，稳当地扶住宝宝的腋窝。
◎按照一定的节奏，抬起并放下宝宝，让宝宝学会利用床或抱枕的弹力，再次蹦跳上去。
◎再次运用相同的方法，与宝宝一起边唱歌边蹦跳。

跳起来了！

开始跳舞吧：大脑回路刺激与身体协调能力练习

　　1岁以后的宝宝，身体运动渐渐增多，动作也越来越丰富，特别喜欢模仿外界的一些活动。因此，这个阶段通过跳舞游戏，能让宝宝的肢体动作智能进一步地发展起来，这也是身体协调的重要训练。

训练重点

◎促进宝宝对大自然的感知能力　　◎训练宝宝多种感觉的统合

身体舞起来

效果： 让宝宝全身细胞都跟着活跃起来，刺激大脑回路。

PLAY：

◎选择天气晴朗的日子，到户外进行跳舞练习。

◎跟宝宝一起随着音乐的节拍行走，然后不时停下来做下面这些动作：

→鼓励宝宝不停地跳上跳下，伴随肢体随意活动。

→示范宝宝左右摇摆，让身体重心从一只脚移到另一只脚。

◎此游戏也可直接在家里跟着电视里的跳舞教程进行。

预备起——

宝宝跳舞操

效果： 促进宝宝的四肢配合，加强身体协调。

PLAY：

◎播放有一定节奏感的音乐，最好有具体节拍。

◎让宝宝跟着音乐分别把两臂举高、放下，然后往外伸展、向内合并。

◎分解动作为：1预备，手举起来；2手臂打开；3手臂合起来。

◎具体动作由易到难，最重要的是让宝宝全身一起动起来。

◎这一系列动作将会在宝宝日后接球或抓气球时派上用场。

大脑小课堂

　　对宝宝来说，此时的"跳舞"更多还只是身体四肢的随意摆动。真正的舞蹈有待在下个阶段进行更系统的游戏训练，从而进一步促进身体与大脑的发育。

提高身体协调能力：全身肌肉的发展与训练

这个阶段，宝宝身体协调能力需要极大地提升。通过游戏训练，让宝宝四肢及全身肌肉都活动起来，促使宝宝加强身体-动作智能，从而养出强健的身体。

训练重点

◎锻炼宝宝的四肢及全身肌肉
◎训练宝宝的身体动作能力

 ## 胸部贴大腿

效果： 教宝宝将胸部贴到大腿上的动作，从而伸展全身的肌肉，也让宝宝能保持健美的身姿。

PLAY：

◎让宝宝在床上伸腿而坐，教宝宝逐渐弯曲上半身，直到双手能抓住脚趾。
◎当宝宝胸部能贴到大腿时，妈妈轻轻地按住宝宝的背部5~10秒。
◎慢慢放开，将上半身逐渐挺直，然后再次向前弯曲。此动作反复重复5~10次。

悬挂的宝宝

效果： 锻炼宝宝手部力量，强化手臂肌肉。

PLAY：

◎与宝宝一起站立，保持面对面，稳稳地抓住宝宝的双手。
◎将宝宝的手拉起来，直到身体离开地面，让宝宝在空中悬挂3~4秒。
◎当宝宝适应悬挂游戏后，鼓励宝宝在悬挂时轻轻旋转，或进行小小的蹬腿动作。
◎此游戏需要注意宝宝的安全，量力而行，切忌拉得过高，或旋转过快。

积木训练 巧盖积木印章

效果： 在捏黏土的过程中，刺激小肌肉的发育，培养宝宝分辨形状的能力。

PLAY：

◎准备黏土或橡皮泥，以及不同形状的积木。

◎引导宝宝用黏土或橡皮泥捏出球形，然后压成扁平状。

◎教宝宝用凹凸不平的积木，在已经压扁的黏土上巧妙用力按压，从而按出积木的形状。

◎指引宝宝去触摸刚印好的积木图案，让宝宝感知相同形状的不同状态。

拦路虎我不怕

效果： 训练宝宝在不碰撞积木的前提下，穿过积木障碍，从而提高宝宝注意力，同时锻炼其大肌肉的力量。

PLAY：

◎选择一片平坦的空地，间隔较长的距离摆放各种积木。

◎示范给宝宝看，如何在不碰触积木的前提下，走过积木障碍。

◎游戏难度根据宝宝对游戏的熟悉程度进行调整，逐渐缩短各个积木之间的距离，或不断延长障碍物的长度。

◎让宝宝逐渐由易到难地完成游戏，并从爸爸妈妈的鼓励中不断获得游戏的乐趣与信心。

小心，不要碰到哦！

大脑小课堂

肌肉发展是宝宝成长过程中一个重要的方面，这将为宝宝打造一个强健的身体，也为他以后从事复杂运动做好充分的准备。但游戏时，一定要根据宝宝的发育情况，切不可过度训练，以免伤害宝宝。

观察力大本营：感知大自然的精彩

宝宝的大脑发育不断成熟，探索心理也变得日渐强烈，经常尝试接触各种事物，并逐渐开始喜欢迎接新的挑战。对大自然尤其有兴趣，对种种自然现象都充满着好奇，希望去感知与探索。他的自然观察智能由此全面加强。

训练重点

◎ 促进宝宝对大自然的感知能力
◎ 训练宝宝多种感觉的统合

 ## 光着脚丫向前走

效果： 通过皮肤直接感受外界环境，从而拉近宝宝与大自然的距离，同时锻炼他的触感。

PLAY：

◎ 选择天气晴朗的日子，带宝宝到草坪或沙地上，脱掉鞋子，让宝宝光脚接触地面。

◎ 在保持宝宝站稳的前提下，可让宝宝单腿蹦跳，双腿踏步，或将宝宝的小脚丫放到爸爸的脚背上，随着爸爸的步伐踩着沙地走。

◎ 在游戏过程中，不断用声音询问宝宝，踩着草坪或沙地是什么感觉。

让蒲公英飞起来

效果： 让宝宝亲近大自然，观察植物发芽、开花、结籽，从中理解植物的特性。

PLAY：

◎ 带宝宝到户外，让宝宝仔细观察周围容易见到的蒲公英，感知其颜色、形状及种子的特点。

◎ 观察完毕后，示范吹蒲公英的动作，让宝宝模仿。

◎ 当蒲公英吹起来后，鼓励宝宝追逐并尝试抓握。也可转换游戏角色，宝宝吹，爸爸妈妈抓。

大自然的七色板

效果： 在与大自然的亲密接触中，观察自然，辨识颜色，锻炼宝宝的视觉和色感。

PLAY：

◎与宝宝一起进行户外活动，让宝宝观察周围花草树木的颜色。

◎鼓励宝宝从中找出相同或相似的颜色，并进行分类。

◎告知宝宝同一种颜色中也存在的细微差异，慢慢训练让宝宝自己去发现。

◎此游戏也可运用于日常生活中，对宝宝的衣物或者玩具进行辨识。

这是什么颜色？

树叶做的小帆船

效果： 通过不同物品的特性，锻炼宝宝的观察力和判断力。

PLAY：

◎将宝宝带到安全的小河边，同宝宝一起收集各种树叶和小石子，依照不同的种类和大小进行分类。

◎在流动的河水中放进树叶，将小石头和大石头分别放在树叶上。

◎以询问回答的方式指引宝宝仔细观察树叶和石头的特性，并简单地告知原理。

森林里的音乐会

效果： 给宝宝创造一个感知大自然的绝佳机会，同时锻炼其听觉和记忆力。

PLAY：

◎与宝宝一起到山间或田野上，让宝宝自由平躺在柔软的空地上。

◎指引宝宝静心聆听周围的各种声音，如水声、风声、虫鸣、鸟叫。

◎鼓励宝宝对听到的声音进行模仿，并在回去之后，给予声音提示，促进宝宝进行回忆模仿。

大脑小课堂

任何时候，都不要忽略宝宝的好奇心与探索欲，说不定下一个科学家就将在您手里成长起来！

如何与宝宝高效对话

对话是宝宝同这个世界进行沟通交流的第一道桥梁。0~3岁的宝宝，从最初的以声传意，到渐渐地咿呀学语，直至能自由发问，其中的每一小步都集结着宝宝大脑发育的一大步，更是聪明的爸爸妈妈对各类对话法的巧妙实践与终极检验。

★ 超级对话法I：培养创造力的对话方法

· 爸爸妈妈在与宝宝交流时，可以通过想象游戏来对话，让宝宝的想象力自由飞舞。

· 多设计一些音乐、美术、身体类游戏，刺激宝宝的右脑发育。

· 当宝宝对某些事物或现象产生好奇心时，就应该展开能够增强其好奇心、并能开阔思维的对话。

· 认真地尽全力回答宝宝的提问，根据宝宝的理解能力回答问题。

· 有创造力的爸爸妈妈才能培养出同样聪明的宝宝，爸爸妈妈应不断加强自身说话的趣味性和引导性。

★ 超级对话法II：培养独立性的对话方法

· 在每项游戏中，尤其注意要不断提高宝宝的智力和自信心。

· 宝宝第一次挑战新任务时，爸爸妈妈应该给予理解和帮助，必须不断地鼓励宝宝。

· 当宝宝回答的问题错误或发音错误时，爸爸妈妈也不用过于计较，而应积极引导。

· 遇到难题，应与宝宝一起想办法解决，让他从中自然地掌握独自解决问题的方法。

· 给宝宝更多的选择权，使宝宝充分地利用属于自己的选择机会。

★ 超级对话法III：培养逻辑思维能力的对话方法

· 丰富宝宝的知识，和宝宝一起找一些动脑筋的故事书籍，常常和宝宝一起讨论。

· 善于回答宝宝提出的各种问题，善于抓住时机随时随地地启发他，让宝宝通过想象打开思路。

· 鼓励宝宝对客观事物进行提问和思考，让宝宝经常处在问题情景之中。

· 善于发现宝宝的兴趣，不断地激发宝宝的兴趣和爱好。

Make Friends: 19~24 Months Old
会交朋友了：19~24个月

基本技能表现

多数宝宝能做到

· 能说20至30个词语
· 有了一定的是非观念
· 观察能力不断提高
· 可以不完整地唱一首简单的歌
· 能独立完成一些小活动
· 热衷模仿成人做事

少数宝宝能做到

· 能把自己想说的事情清楚地表达出来，并理解别人的意图
· 能很协调地进行跑动
· 学会关心他人，学会分享

半数宝宝能做到

· 开始有自己的判断力，有时喜欢自作主张
· 能更为直观和准确地表达自己的情绪
· 喜欢并能够领会动物的特征，并进行模仿

宝宝即将迈向两岁大关，开始明白事儿了，他逐渐具备独断和协商的能力，同时词汇量也不断增长，语言能力有着极大突破。这个阶段的宝宝，对于艺术开始表现出特别的兴趣和热情，艺术细胞空前活跃。随着身体的发育成长，宝宝已经多半会跑了，尽管还不熟练，但各种大动作与精细动作都进入较高级阶段。

让眼球动起来：视觉追踪进阶训练

这个阶段，宝宝的观察能力不断提高，对于生活中的小物件以及事件有了自己独特的兴趣关注点。宝宝的眼球越来越能专注于这些自己感兴趣的事物上。此阶段是宝宝认知能力发展的很好时期。

训练重点

◎锻炼宝宝的视觉专注能力　　◎进一步训练手眼协调
◎培养对外界事物的探索欲　　◎加强对事物因果关系的思索

 不掉的纸片

效果： 妈妈为宝宝演示静电的产生过程，增强宝宝对于科学的吸引力与好奇心。

PLAY：

◎准备一些撕碎的纸片，干布或毛衣、塑胶板。

◎给宝宝演示用毛衣或干布摩擦塑料胶板，然后把撕碎的纸片放在塑胶板附近，让宝宝仔细观察。

◎由于静电的作用，碎纸会吸附在塑胶板上面。可鼓励宝宝自己进行游戏。

◎等宝宝对此感兴趣时，试着改变纸片的大小和材质，然后与宝宝一起，按照能否吸附，将各种材质进行分类。

哇！
粘起来了。

大脑小课堂

生活中处处是科学，宝宝的观察力将在这个过程中不断得到提升。爸爸妈妈要开始充当宝宝的生活百科全书，在其中发掘每一个有趣又具有知识性的游戏。

饮料瓶喷泉

效果： 经由饮料瓶内所喷出的水柱判断饮料瓶内的水量（体积）。

PLAY：

◎选择一些安全的空饮料瓶，并清洗干净，然后切掉瓶子的上半部分。

◎在饮料瓶上，用特定工具打出很多小孔。

◎在打了孔的饮料瓶内装满水，告知宝宝注意观察从小孔里喷射出的水柱。

◎让宝宝分别关注瓶子在装满水和只装一点水的情况下喷水的距离和速度，用语言引导宝宝去进行比较。

泡泡吹呀吹

效果： 在泡泡游戏中，提高宝宝眼睛和双手的协调能力。

PLAY：

◎准备专门的吹泡泡的液体瓶，手柄要方便宝宝进行握取。

◎先由妈妈吹出泡泡，让宝宝一直盯着泡泡的方向看，然后鼓励宝宝去追逐，并用手指捅破泡泡。

◎将吹泡泡的工具放到宝宝面前，教宝宝用嘴吹出泡泡，然后一起进行追逐。

纸条飞起来

效果： 在吹纸屑的过程中，让宝宝活动脸部的肌肉，同时训练其提高注意力。

PLAY：

◎准备几张彩色的纸，按照宝宝的脸部大小，将彩纸剪裁。

◎妈妈首先将纸贴到自己脸上，然后吹下来，示范给宝宝看，让他仔细观察。

◎将纸贴到宝宝的脸上，引导宝宝跟着进行模仿，让宝宝"呼呼"地吹薄纸，让纸从脸部掉下来，宝宝的视觉始终会跟着纸条走。

◎最初将纸条贴到容易吹落的部位，等宝宝熟悉后，再把纸片贴到脸部的其他地方让宝宝吹。

小纸条，吹呀吹！

音乐天地：音乐智能大促进

宝宝的手部力量不断增强，会逐渐关心各种旋律，对敲击类音乐活动尤其感兴趣。这个阶段宝宝的音乐智能开发，重点在于宝宝的乐感与旋律意识锻炼。

训练重点

◎进一步提升宝宝的音乐感知　　◎训练节奏感　　◎加深对旋律的理解　　◎培养乐感

乐器敲敲乐

效果：让宝宝通过敲打掌握节奏感，同时加深对旋律的理解。

PLAY：

◎准备反复出现相同乐器演奏的音乐，包含鼓、响板、砂铃等乐器。

◎在听音乐的过程中，如果出现重复的部分，就可以让宝宝跟着音乐敲打。

宝宝弹钢琴

效果：让宝宝在亲手触摸乐器的过程中，培养乐感，提高记忆力。

PLAY：

◎准备一架小电子琴，或其他能发出乐声的乐器。

◎刚开始由妈妈按音键，然后抓住宝宝的手按下音键，让宝宝体会发音的新奇感受。

◎让宝宝根据自己的兴趣爱好，随意按各个音键。

◎之后可由妈妈先按出"DO RE MI"等旋律，然后引导宝宝按出相同的旋律。

玻璃杯木琴

效果：培养宝宝乐感，而且加深其对旋律的理解。

PLAY：

◎准备几个玻璃杯，然后装入不同分量的水。如果选择不同颜色的水，就能更有效地刺激宝宝的好奇心。

◎用木筷敲打玻璃杯，让宝宝探索不同的声音。

DO RE MI……

绘画游戏：艺术感的多元培养

　　每个宝宝都是天生的艺术家，当他能挥动双手时，艺术的细胞便自由地成长扩散起来。随着对颜色的感知与辨识，宝宝用手中的画笔表达世界的欲望日渐强烈，这也是视觉、艺术感、空间智能等多种大脑智能的汇合。

训练重点

◎教宝宝使用画笔或其他画画工具
◎训练宝宝的视觉想象能力
◎锻炼他手指活动与手眼协调能力
◎培养宝宝的空间智能

 艺术感知
随心所欲动手画

　　效果：促进宝宝小肌肉的发育，同时提高他的审美能力，培养美感。

　　PLAY：
◎为宝宝准备不同材质的纸、蜡笔、彩色笔等各种画画工具。
◎小心剪裁，将不同材质的纸裁成合适的大小。
◎教宝宝在准备好的纸片上，用画笔画出他喜欢的图案，然后贴到墙壁上。
◎让宝宝在不同大小、不同材质的纸上画画，并且让宝宝表达出不同的感受。

四面八方散颜料

效果： 通过在不同材质的纸上进行颜料扩散，提高宝宝的艺术观察能力。

PLAY：

◎ 准备不同材质的纸和颜料，还有水。

◎ 在准备好的纸上滴上不同颜色的颜料，移动纸的角度，注意颜料在不同材质的纸上扩散速度和形状都不同，引导宝宝发现其中的变化。

◎ 将彩色纸放入水中，当不同颜色的颜料从纸上分离时，还能观察到不同颜色的颜料相融的现象。

神奇的纸板画

效果： 让宝宝观察纸的不同形状，感受不同的质感，从而进一步刺激视觉。

PLAY：

◎ 准备一些表面凹凸不平的纸，最好具有轮廓鲜明的凹痕，以及描图纸、蜡笔和笔尖较粗的笔。

◎ 将描图纸放在凹凸不平的纸上，让宝宝用手触摸，感知图画的轮廓。

◎ 用蜡笔或笔尖较粗的笔，轻轻地涂画准备好的纸。

◎ 画好后让宝宝将画好的图与描图纸进行比对，体会不同感觉。

装饰彩色石头

效果： 让宝宝认识不同的石头，并对颜色产生兴趣。

PLAY：

◎ 带宝宝到户外，跟宝宝一起在河边或房子周围寻找各种石头。

◎ 指引宝宝在寻找石头的过程中挑选出颜色独特而且形状扁平的石头。

◎ 教宝宝在石头上面用颜料或者蜡笔画画，让宝宝体验画画的乐趣。

◎ 还可以利用小石子或树叶作画，会获得更好的效果。

大脑小课堂

经过众多早教专家与爸爸妈妈验证，绘画是宝宝开发大脑智能的极佳方式，宝宝的世界从画画开始，将会变得更加妙趣横生。

黑板上的游戏

效果：通过在黑板上画画，提高宝宝的色感，并锻炼他小肌肉的力量。

PLAY：

◎帮宝宝准备一块小黑板，和不同颜色的粉笔。

◎指引宝宝在黑板上随意或按照一定的图案画画，妈妈也可与宝宝一起完成。

◎如果宝宝还不会画画，可以让宝宝沿着手的轮廓画出自己的手。

◎画完图案后，让宝宝欣赏自己的作品，最后教宝宝用黑板刷擦干净。

创造力的天堂：想象力与动手能力的配合

1周岁宝宝的大脑是个创造力大迸发的宝库，他在面对新奇事物时，往往能表现出非比寻常的创意与灵感。这时候，更需要爸爸妈妈进行很好的引导，将宝宝大脑的各项智能都充分地调动起来。

训练重点

◎锻炼宝宝的手部操作能力　　◎培养解决问题的能力和协调能力

◎开发宝宝的创造性思维　　　◎加速宝宝大脑运转

 ## 纽扣的王国

效果：通过与纽扣有关的各种游戏，提高宝宝手部的灵活性。

PLAY：

◎准备一些带有纽扣的衣服，在最初的阶段，最好准备宝宝喜欢的衣服。

◎首先，用带有大纽扣的衣服玩游戏，教宝宝把纽扣扣到衣服的纽扣孔内。

◎在游戏中，可以同时配合做一些其他游戏，如数纽扣的数量、猜纽扣的颜色和按钮口的大小将衣服分类等。

◎等宝宝掌握扣纽扣的方法后，再换用带有小纽扣的衣服，让宝宝把纽扣扣到纽扣孔内，并不断鼓励宝宝，使其获得成就感。

灵巧的剪刀手

效果：让宝宝体验使用道具的快乐，同时提高其手部操作能力。

PLAY：

◎当宝宝喜欢玩剪刀时，就可以让宝宝用儿童专用剪刀剪废纸，或者沿着直线或曲线剪裁出不同的形状。

◎准备一些较硬的面团，然后让宝宝剪出自己喜欢的图案。

◎另外，还可用塑刀、瓶盖、小图章等工具，在面团上印出各种图案。

◎游戏时要注意保护宝宝，防止被剪刀伤到。

 ## 夹子绘脸谱

效果：加深宝宝对各种动物特征的熟悉程度，同时培养其表达能力，提高手部的灵活性。

PLAY：

◎准备几个晾衣服的夹子，慢慢教会宝宝练习使用夹子的方法。

◎准备一些圆形的纸张，并在上面画动物的脸，最好是宝宝熟悉的动物。

◎然后用夹子完成其余的部分，如：在狮子脸上用夹子制作狮子的毛发；在兔子的脸上用夹子制作兔子的耳朵等。

◎让宝宝仔细观察预备好的图案，并从中激发创作的乐趣。

宝宝真厉害！

巧手捏宝塔

效果： 让宝宝接触黏土创造，在此过程中培养解决问题的能力和协调能力。

PLAY：

◎准备黏土和各种宝塔的照片。

◎给宝宝展示宝塔的照片，然后跟宝宝讨论将要制作的宝塔形状。

◎最先由妈妈制作宝塔的底部，在宝塔底部堆砌小宝塔，并引导宝宝观察。

◎如果宝塔在堆砌的过程中倒下，就要询问宝宝的意见，然后重新建造更坚固的宝塔。

◎先堆砌15厘米左右，然后让宝宝继续往上堆砌，最后与宝宝一起帮宝塔取名字。

小宝塔堆起来了。

黏土抽面条

效果： 让宝宝在游戏中通过仔细观察体会玩具特性的变化以及变化的结果。

PLAY：

◎准备黏土、筛子和饭勺。挖出一大块黏土，与宝宝一起用力揉捏。

◎将柔软的黏土放入筛子内，然后用饭勺或手掌用力按压黏土。

◎引导宝宝注意观察从筛子孔内挤出来的细长面条。

◎还可以准备孔洞大小不同的筛子，从而可以让宝宝观察到随着孔洞的变化黏土所出现的粗细变化。

大脑小课堂

　　创造力与宝宝的大脑运转存在着极大的关联，聪明的宝宝必然是想象与创意无限的宝宝。所以，通过多种途径的游戏，全面开发宝宝的创造力，正是这个阶段宝宝的重要功课。

身体动起来：身体运动能力的协调

走路对这个时期的宝宝已经并非难事了。宝宝在能正常行走的情况下，可以做出难度相对大一些的动作举动，如单腿站立、自由舞蹈等。所以，对此进行游戏设计，将是促进宝宝身体协调的极好的法宝。

训练重点

◎训练宝宝的身体协调能力　◎锻炼宝宝的腿部力量

金鸡独立

效果： 在走路训练中，提高宝宝手臂和腿部的协调能力，以及大肌肉的力量。

PLAY：

◎让宝宝在站立的状态下，抓住他的双手。让宝宝抬起一只脚，单脚站立。

◎当宝宝能站稳时，引导宝宝交替地用左、右脚站立。

听歌跳舞

效果： 巩固宝宝的音乐节奏感，同时进一步用肢体语言来培养语感。

PLAY：

◎准备不同的音乐，节奏较快或较慢的都准备一些。

◎播放快节奏的音乐时，带宝宝一起做蹦跳、快速踏步等动作。

◎当播放慢节奏音乐时，指导宝宝从事较缓慢的活动，如缓慢地踏步。

◎除了腿部活动外，还可分别活动头部、肩部、手臂、臀部、手部和脚部等。

宝宝真棒啊！

大脑小课堂

走路和舞蹈训练可以协调身体的重心，而且能活动全身，这是宝宝今后学习跑步的重要基础。

气球运动：发展肢体动作和时间觉知

气球是宝宝成长过程中必不可少的玩具，宝宝天生对它们有着极大的兴趣。在气球游戏中，宝宝可以让自己的全身器官活动起来，也对时间开始有了一定的觉知能力。

训练重点

◎训练身体调节能力和协作能力　　◎锻炼宝宝手部肌肉力量

护送小气球

效果： 培养宝宝身体调节能力，促进协作能力。

PLAY：

◎在茶盘或桌布上放气球，然后妈妈和宝宝分别抓住茶盘或桌布的两角。

◎妈妈和宝宝拖着气球同时从起点走向终点。如果气球掉下来，就应该回到起点重新开始。如果气球没有掉下，就可以绕过终点重新回到起点。

远距离抛球

效果： 锻炼宝宝的手眼协调能力，增强手部肌肉力量。

PLAY：

◎准备一个吹好的气球，最好颜色比较鲜艳。

◎让宝宝站在一方，伸直手臂把气球举得高高的。妈妈在另一方，喊着口号："一、二、三，扔。"然后让宝宝把气球丢给妈妈。

◎反复多次进行练习，直到宝宝能准确地把握好时间，并逐渐扔到位。

一二三——扔！

大动作训练：全面活跃身体细胞

　　这个时期的宝宝活动意识比较强烈，是个越来越爱动的小天使。除了一些精细动作外，宝宝试图进行一些更丰富的大动作，肢体–动作智能进入一个相对高级的阶段，因此，这个阶段必须让宝宝多玩身体知觉的游戏。

训练重点

◎ 训练宝宝的身体协调能力　　◎ 提高宝宝的大动作技能

◎ 刺激腿部肌肉和关节发展　　◎ 训练宝宝身体的柔韧性

 ## 积木小台阶

效果： 在跳跃不同高度积木台阶的过程中锻炼肌肉的力量。

PLAY：

◎ 同宝宝一起准备各种积木。按照一定的间隔，分别堆砌1个、2个、3个积木台阶。

◎ 告知宝宝游戏规则，让宝宝跳过堆砌的积木台阶。

◎ 等到宝宝能熟练地跳跃，就可以适当地增加高度，进行跳跃不同障碍物的训练。

台阶上下行

效果： 锻炼腿部肌肉，刺激宝宝脚底神经，并让大肌肉得到锻炼。

PLAY：

◎ 用各种书，堆砌成高低不同的台阶，妈妈可与宝宝一起完成。

◎ 爸爸妈妈牵着宝宝的手，练习上、下台阶。

◎ 当宝宝对游戏熟练后，可以鼓励其独自上、下台阶。

宝宝可以自己上楼梯了。

 ## 仰卧起坐啦

效果：进一步提高宝宝颈部肌肉和肩部肌肉的力量，强化动作能力。

PLAY：

◎将宝宝平放在地板上，拉住其双臂，帮助宝宝轻轻起身。

◎当宝宝坐稳时，看着宝宝的双眼，微笑着拍拍宝宝的后背，并用语言表示鼓励。

◎根据宝宝的适应与熟悉情况，重复进行此动作。

◎注意只有宝宝能平衡头部时，才能做仰卧起坐游戏。

骑脚踏车

效果：模仿坐着骑脚踏车的动作，刺激腿部肌肉和关节，提高身体的柔韧性，促进宝宝成长。

PLAY：

◎宝宝坐在椅子上，妈妈用双手轻轻地抓住宝宝的双腿，然后就像骑脚踏车一样活动其双腿。

◎看着宝宝的眼睛，轻轻地对宝宝说："亲爱的宝宝，要不要骑脚踏车呀？"同时模仿自行车铃声："叮铃铃！叮铃铃！快让开！"

◎一边做骑脚踏车游戏，还可以一边唱妈妈自编的"脚踏车歌"。

叮铃铃！
叮铃铃！
快让开！

 大脑小课堂

宝宝的活动意识促使宝宝从活动自己的身体开始，逐渐想接触外面的丰富世界。如果宝宝不能明确地区分外界和自己，容易造成内省智能无法正常开启，也从而缺乏了解外界的兴趣与独立的探索欲望，这必将影响宝宝的正常成长。

空间智能训练：提升空间感与平衡感

　　宝宝能站立起来以后，接触的空间也会不断增大。当他面对广阔的世界时，就会充满亲身体验的兴致。宝宝的空间智能在这个阶段将得到很好的启发与运用，这也是他智力发育的又一重要内容。

训练重点

◎训练宝宝的空间感　　◎提升身体的柔韧性　　◎训练宝宝的平衡感

 ## 行走不平路

效果：通过越过障碍取物的适应，培养宝宝的平衡感。

PLAY：

◎带宝宝到户外，寻找有一定障碍物的地方。

◎在布满障碍物的路途中间，摆放上宝宝喜欢的玩具或零食，引导宝宝越过障碍物拿到玩具或零食。

◎根据现场的情况，还可以让宝宝跟爸爸、妈妈一起玩，难度可适当加大。

轻松过双椅

效果：让宝宝学会控制身体平衡，增强空间感。

PLAY：

◎准备两把高度相同的椅子，然后引导宝宝在两把椅子之间走来走去。

◎最初可使两把椅子之间保持较大的距离，游戏中根据宝宝的实际情况逐渐缩短椅子之间的距离。

◎当两把椅子之间的距离较大时，宝宝就能轻松地通过。当距离被缩短时，让宝宝慢慢学会侧行。

这难不倒我！

椅子小隧道

效果： 促进宝宝的空间感和智力发育，还能提高身体的柔韧性。

PLAY：

◎准备一把略低于宝宝身高的椅子，然后引导宝宝钻椅子。

◎引导宝宝思索如何才能正常过去，并教他运用正确的方式进行，巧妙将弯腰动作运用到其中。

◎当宝宝能熟练地钻一把椅子后，可以考虑增加椅子的数量，将3把椅子做成椅子隧道，让宝宝自由钻过去。

◎还可让宝宝穿过由不同高度的椅子所组成的椅子隧道。

倒立看世界

效果： 加强大脑发育，让宝宝肌肉变得有力，从而促进身体的发育。

PLAY：

◎将宝宝平放在地板上，然后抓住宝宝的脚踝慢慢地抬起双腿。

◎朝着左、右方向慢慢地晃动抓住脚踝的双手，并告诉宝宝："我们倒过来啦！"

◎当宝宝适应倒立状态后，可让宝宝抚摸房间里的生活用品，或做其他自己乐意的动作。

我们倒过来啦！

大脑小课堂

宝宝的平衡感、空间感与大脑有着十分紧密的联系。在这个阶段需要与宝宝多做这样相关的游戏，从而加速大脑的运转，进一步促进宝宝的大脑发育。

角色扮演游戏：学习与模仿能力练习

角色游戏是宝宝通过想象，创造性地模仿现实生活的活动，为他形成良好的社会交往能力打下基础。宝宝在角色游戏中通过对现实生活的模仿，再现社会中的人际交往，练习着社会交往的技能，不知不觉中就提升了人际智能。

训练重点

◎提升宝宝的模仿能力　　◎训练宝宝的人际交往技能

 角色体验 ## 白衣天使

效果： 在"医生、护士"的扮演游戏中体验角色转换的乐趣，同时感受到所扮演角色的特质。

PLAY：

◎准备一件白色的衣服、一个玩具娃娃，如有听诊器等玩具就更好了。

◎和宝宝一起换上白色的衣服，一个做医生，一个做护士。

◎假装玩具娃娃生病了，"医生"给它看病、"护士"照顾它。

◎让宝宝了解医生和护士的职业和工作，并让她懂得尊重别人的劳动。

大脑小课堂

在日常生活中，爸爸妈妈可以随机地与宝宝做相似的游戏，并灌输给宝宝各种不同角色的特点，让宝宝了解诸如角色分配、活动进程、工具性能与使用方法等具有一定难度的问题，从而发展他的人际交往能力。

 宝宝玩 "过家家"

效果： 通过 "过家家" 游戏，培养宝宝的社会适应能力。

PLAY：

◎ 与宝宝一起，准备玩 "过家家" 的相关游戏道具。

◎ 让宝宝扮演妈妈的角色，而妈妈扮演爸爸的角色，陪宝宝玩 "过家家" 游戏。

◎ 用沙子做饭，用树叶做菜……做出很多的食物。

◎ 然后交换妈妈和爸爸的角色，增加游戏的乐趣。

过家家，真欢乐。

宝宝当妈妈

效果： 宝宝与妈妈进行角色互换，让宝宝获得不同的体验，从而在游戏中提升人际技能。

PLAY：

◎ 选择家庭场景，让宝宝扮演爸爸或者妈妈的角色，爸爸妈妈就扮演与之对应的角色。

◎ 爸爸妈妈扮演宝宝时，可以着重表现宝宝平时的弱点，如不肯吃饭等，观察宝宝的反应。

◎ 通过不断重复表演，让宝宝不断体验不同的角色。

我来扮妈妈。

我们一起玩：培养与人交往的能力

这个阶段的宝宝会想要融入与他人一起的社会活动当中，尤其爱和同龄的朋友一起玩耍。宝宝具备了更丰富的情感情绪，也会用一些属于自己的行为举动表达自己的感受。这个时期，他的内省与人际智能会迅速发展。

训练重点

◎学会与大家一起玩耍　　◎培养宝宝社会适应能力　　◎让宝宝了解一定的人际规则　　◎训练宝宝的活动能力

踩踩小尾巴

效果：通过这类带竞争性质的游戏，让宝宝懂得遵守规则的必要性。

PLAY：

◎在宝宝的脚踝系上带子或细线，然后留下一条长10厘米的"尾巴"。注意"尾巴"不能过长。

◎系完带子后，要防止别人踩自己的"尾巴"，同时要争取踩到对方的"尾巴"。先踩住对方的一方获胜。

◎可以定下相应规则，放音乐的时候才能动，只要音乐一停，就必须马上停止。

◎让宝宝在游戏中获得竞赛得胜的开心体验。

小尾巴，踩不到。

降落伞比赛

效果：与众多小朋友一起玩耍，让宝宝学会互相帮助、互相关心。

PLAY：

◎准备一套结实的床单或被单，作为道具。

◎由4~5名家人或小朋友分别抓住床单的四角，然后随着音乐节奏，快速或缓慢抬起放下床单。

◎玩游戏时，应该根据音乐的旋律来确定每个人拉床单的顺序。

◎也可在床单上放上小玩具，一起将玩具用力挪动或抛起来。

全脑小活页

像母语一样学英语

说简单的英语，唱ABC之歌，对于当今时代的年幼宝宝而言，已经很常见。即使宝宝不懂ABC，也能教会宝宝熟练地说"Thank you"，或者遇到外国人也能从容地说出"Good morning"。

关于早期英语教育，专家们都持有不同意见，但是所有专家都公认，2~6周岁是学习语言的最佳时期。所以，宝宝英语学习的第一步，就应该像学习母语一样，让英语与生俱来，脱口而出。

☆ 英语教育的最佳时期：2~3周岁

2~3周岁又称为"语言形成时期"。在这个时期，人体内的语言学习装置LAD（Language Acquisition Device）比较活跃，有助于宝宝更容易进行语言学习。一般情况下，宝宝在6周岁以前，语言学习装置的活动最为活跃，但是12~13周岁以后，就会逐渐停止活动。

☆ 不要过于注重发音

每个宝宝刚出生时就具备学习发音的潜力，但是有时发音比较古怪，且不够完整，此时没必要强行纠正宝宝的发音。早教的目的并不在于学习发音，而是培养流畅地表达自己想法的语言能力，因此不要过于注重发音。

☆ 妈妈就是最好的老师

作为人生的启蒙导师，妈妈应和宝宝快乐地学习英语。在进行英语教育时，可以通过英语录音的儿歌或录影带给宝宝听正宗的英语发音，然后通过妈妈的发音确认宝宝的学习程度。

☆ 经常给宝宝听英语

学习语言最重要的便是营造一个最合适的语言环境。所以，在这个时期应该经常给宝宝听英语，刚开始学习语言时，宝宝只能听别人说话，但等到一定程度后，就可以开口说话了。

在英语学习的过程中，不能强迫宝宝学习，而应该在日常生活中发现宝宝感兴趣的实物，抓住时机用英语简单地介绍这些实物，自然而然地让宝宝接触英语。同时，爸爸妈妈要记得适时地表扬和鼓励宝宝，并通过趣味性强的学习游戏不断培养宝宝学习英语的自信，从而为宝宝的英语学习打下良好的基础。

Understanding Words, Behavior and Concepts: 25~30 Months Old
理解词汇、行为和概念：25~30个月

基本技能表现

多数宝宝能做到

· 宝宝已经走得很稳，
能跑，还能自己单独上下楼梯
· 注意力集中的时间比以前长了，
记忆力也加强了
· 有极强的求知欲，而且记忆力也很强

少数宝宝能做到

· 能熟练地背诵简单的唐诗，
还能认识笔划少的字
· 能自如地同小朋友交谈，
非常希望与小朋友一起玩
· 会自我介绍
· 掌握常用的礼貌用语

半数宝宝能做到

· 会唱一首完整的歌
· 能完整地背一些儿歌
· 会说自己的名字，说简单句子，
说话时具有音调变化
· 能独立吃饭，
控制大小便的能力也不断加强

现在，宝宝走得很好了，脚步更加协调连贯，动手能力更是大大提升。词汇量有突破性进展，能进行基本交流。两周岁以后，宝宝大都精力充沛，乐于挑战难度较高的游戏活动。在其他多维智能继续发展的基础上，宝宝的语言智能将具体落实到文字，逻辑-数学智能提上日程，创造力与思维能力训练成为这个时期训练的重点。

图文并茂学汉字：阅读能力训练

经过前期的语言游戏训练，宝宝对图文已经具备初步的辨识能力。这个阶段，宝宝已经不满足于单纯地看图，慢慢有了更强的求知欲望，对文字也表现出浓厚的兴趣。此时，宝宝的语言智能开发可以从识字起步了。

训练重点

◎增强宝宝汉字感知能力　　◎辨识与记忆汉字　　◎开阔思维　　◎提升阅读兴趣

 图卡识字

汉字图谱

效果： 通过图文的摆放与组合，训练宝宝辨识图形和识字。

PLAY：

◎准备围棋、磁力棒等宝宝喜欢摆弄的玩具。

◎与宝宝一起，按照已有的样板将这些玩具摆放组合成简单的汉字或图案，引导宝宝进行比对和辨识记忆。

◎此游戏要循序渐进，文字从简单到复杂，且随着宝宝认识字的增多要不断加强。

神秘猜字

效果： 利用宝宝的好奇心，增强宝宝对汉字的记忆与辨识。

PLAY：

◎准备识字卡，首先将手和识字卡都放在背后。

◎妈妈神秘地对宝宝说："一二三四五，看我变出了什么字？"以此调动宝宝的情绪。

◎然后拿出一张识字卡，让宝宝把这个字读出来，再验证一下对错。

◎猜对了要进行口头奖励，猜错了要继续引导，直到宝宝能清楚地记忆起来。

一二三四五，看我变出了什么字？

扑克玩家

效果： 放松心态，让宝宝快乐学汉字。

PLAY：

◎准备识字卡，并将其当做大人玩的扑克牌进行游戏。

◎妈妈出一张字卡，并说出字卡上的字。然后宝宝出一张字卡，同样把卡片上的字读出来。

◎直到每个人都把手里的字卡出完，然后洗牌，开始下一轮的游戏。

看谁先找到

效果： 在识字游戏中，以比赛的方式充分调动宝宝的情绪，使他熟记以前学过的生字。

PLAY：

◎将识字卡都摆在地上。由妈妈做裁判，说出识字卡中的一个字，爸爸和宝宝就一起开始找，看到谁最先找到，谁就是第一名。

◎妈妈记下来每个人赢的次数，最后，获得第一名的要给予奖励。

◎宝宝的好胜心比较强，应该多让宝宝得第一。但在比赛过程里，也要适当让宝宝输，这样可以培养宝宝的挫折意识。

宝宝当老师

效果： 通过模仿大人的角色，让宝宝与爸爸妈妈一起认字。

PLAY：

◎爸爸妈妈与宝宝玩老师与学生的角色互换游戏。

◎告知宝宝："今天，宝宝是老师，爸爸妈妈是学生。老师要教学生认字了，学生可得好好学啊！"

◎让宝宝自己挑选字卡，引导宝宝模仿爸爸妈妈以前的教学方式，并进行充分的配合。

◎当宝宝"教"会爸爸妈妈汉字，自己也会特别有成就感，从而进一步加强对以前学过的字的记忆。

视觉的魅力世界：提升观察力与注意力

两岁多的宝宝能观察到更多更丰富的事物，视觉专注时间越来越长，视觉追踪能力也越来越强，可以保持较持续的注意力，且这种注意力可以运用到日常游戏中的方方面面。

训练重点

◎加强视觉专注与追踪训练　　◎提升宝宝的观察力与注意力

特殊保龄球

效果：通过像玩保龄球一样推倒积木的游戏，以此提高宝宝注意力。

PLAY：

◎准备各种积木和小皮球。

◎模仿保龄球的游戏，将长条形积木放在对面，相隔距离可由近至远。

◎让宝宝挑选能当做球的积木，然后撞击对面的长条形积木。或者让宝宝直接用小皮球撞倒各种积木。

◎全家人一起玩这个游戏会取得更好的效果。

我也来打保龄球。

跑步装篮

效果：让宝宝在跑动中集中注意力，观察、发现事物。

PLAY：

◎准备一些积木和一个大小合适的篮子。

◎在距宝宝一定距离的地方摆放好篮子，并确定为终点。

◎在起点和终点之间，间隔一定的距离摆放各种积木。

◎引导宝宝一边跑，一边拾取路途中的积木，并把所有的积木装进终点的篮子里。

◎当宝宝对游戏熟练后，可加入时间设置，规定一定的时间期限，让宝宝在游戏中加强时间观念。

记忆与联想：思维能力拓展训练

现在，宝宝对于过去的事件有了比较明确清晰的记忆能力，且随着思维发育，逐渐具备就某件事情或某个物品联想到其他事物的能力。

训练重点

◎ 锻炼宝宝的事件回顾能力
◎ 培养宝宝的联想意识与能力

 情境假设 ## 去动物园吧

效果： 在对事件的假想中，提高宝宝的记忆力与语言能力，同时培养想象力。

PLAY：

◎ 给宝宝设定一个情境，如，"我们去动物园，我们可以看到……"并将之作为每次说话的起始句。
◎ 与宝宝坐在一起，将所能想到的动物一一列举出来进行填空，如猴子、老虎等，具体种类可由少至多。
◎ 每一次开头都重复起始句，让宝宝形成惯性思维。然后把前面提到的所有动物说出来，并且顺序要正确。
◎ 当有人忘记一件东西或顺序搞错了时，游戏就要重新开始。
◎ 此游戏还可将场景进行变换，让宝宝在记忆与想象中不断增强成就感。

轻轻松松记辈分

效果： 通过对音频中长辈称谓的学习，让宝宝能更清晰地进行记忆。

PLAY：

◎ 给宝宝播放儿歌《辈分歌》，首先让宝宝熟悉旋律。
◎ 跟着儿歌一起念，"爸爸的爸爸叫什么？爸爸的爸爸叫爷爷……"让宝宝多听几遍，并有意识地强调每一个辈分的对应关系。
◎ 经过反复的聆听与提问回答，宝宝就会从中加深印象。
◎ 随时随地哼唱儿歌的旋律，让宝宝进行回忆与回答。

我们去动物园可以看见什么？

语言理解大冲关：发展语言技巧与模仿能力

两岁多的宝宝在语言能力拓展上已经具有相当强的能力，他不仅能听懂周围人讲的大部分话，还对外界的事件有了自己的思索与反应，并在情绪上有较完全的表现。此时的语言智能是与大脑其他多项智能相互统合的。

训练重点

◎锻炼宝宝的语言理解能力　◎训练宝宝对语言的运用

 ## 购物小达人

效果： 让宝宝形成一定的社会人意识，并体会具体的情境。

PLAY：

◎准备可以在超市购买到的印有水果、蔬菜、饼干等图案的卡片，或者利用家里的实物。

◎告诉宝宝要购买的物品名称，然后让宝宝独自寻找相关的图案卡片或实物。

◎跟妈妈一起玩购物游戏。让宝宝当店员，也可以让宝宝扮演消费者。

◎让宝宝在购物中提前体验社会人的角色。

找呀找同类

效果： 提高宝宝对事物的理解力，增强记忆力，并逐步掌握周围实物的名称。

PLAY：

◎准备宝宝比较熟悉的物品，如衣服、帽子、鞋、妈妈的手提袋、童话书等。

◎让宝宝仔细观察已准备的物品，并进行讲解说明。例如，一边看童话书，一边说明："书是四方形的，而且四角比较锋利。封面上画有小熊图案哦！"

◎当宝宝对物品熟悉后，藏起部分物品，然后告诉宝宝所藏物品的特点，鼓励宝宝找出相关的物品。

书藏在哪？

 猜猜做什么

效果： 提高宝宝的记忆力，同时培养其推理能力和身体协调能力。

PLAY：

◎在舒适的家中或户外，遮住宝宝的双眼，然后让宝宝猜测对方的动作。

◎由妈妈做出拍掌、敲炒锅、翻书页等平时常做的动作，一开始动作可相对简单。

◎用话语引导遮住双眼的宝宝，通过声音来判断对方的动作。

◎当游戏熟练后，也可让宝宝模仿做动作，妈妈来猜。

猜猜看，妈妈要做什么？

一起做家务

效果： 培养宝宝随着不同的状况改变语调语言的表达能力，同时让宝宝理解爸爸妈妈的重要性。

PLAY：

◎首先列出洗衣服、洗碗、打扫、系领带、刮胡子、化妆等妈妈和爸爸常做的事情。

◎伴随音乐喊："打扫！"此时，爸爸妈妈应该模仿掸灰尘、擦地板等动作。

故事动起来

效果： 通过亲子阅读，和宝宝一起反复读书，并与宝宝一起表演，从而培养宝宝的阅读、语言及想象力。

PLAY：

◎带领宝宝一起读书，让宝宝自己从常读的书里选一页或一个情节，然后把它表演出来。

◎如果宝宝暂时不会选择，表演内容也可由妈妈决定。

◎宝宝表演的既可以是活动的人或动物，也可以是静止的花草树木。

◎宝宝表演时，妈妈在旁边进行情节阐述，或告知情节发展，让宝宝拥有不断变换的新鲜感。

身体协调与配合：增强身体的平衡感

宝宝在1个月后，视觉能力有了显著发育，可以以一种平稳的眼神追踪一个移动较慢的物体。颜色知觉能力发展也很迅速，1~2个月即可对各种颜色加以区分。到3个月时，宝宝眼睛的聚焦就已接近成人。而到了两岁，就需要引导宝宝自发地用眼睛去追寻对象，进而仔细观察。

训练重点

◎训练身体平衡能力
◎锻炼全身肌肉发展

 摇晃的宝宝

效果：训练宝宝在球上保持身体平衡，从而增强平衡感，同时达到伸展全身的效果。

PLAY：

◎在确保宝宝安全的情况下，让他坐在球上面，伸出双臂保持身体平衡，持续约10秒钟。

◎引导宝宝用双腿夹住球，然后把胸部贴到球面上抱住球。

◎让宝宝学会利用四肢保持平衡，并将每个动作重复5~10次。

宝宝要小心哈！

大脑小课堂

让宝宝做平衡感进阶训练是宝宝进行其他大活动的基础，但一定要注意保障宝宝的安全。

猫和老鼠

效果：通过藏在被窝里的游戏，提高宝宝身体的敏捷性，增强全身的力量。

PLAY：

◎告诉宝宝棉被是小老鼠的"房子"，让宝宝扮演小老鼠，妈妈扮演小猫。

◎妈妈一喊"抓小老鼠"，扮演老鼠的宝宝就应该马上躲进被窝里。

◎"小老鼠在哪里呢？"妈妈可以一边说，一边翻开棉被。

◎宝宝由隐藏到被找到，可以从中体验到"被发现"的乐趣，同时提高身体的敏捷性。

腿部训练 身体大跨越

效果：让宝宝进一步练习弹跳，培养身体的爆发力和敏捷性。

PLAY：

◎在平整的地板上整齐地摆放几个防滑垫子，注意不能太高。

◎让宝宝站在一个垫子上，然后用力跳到另一个垫子上。

◎最初如果宝宝不会跳，妈妈可以给宝宝进行动作示范。

◎当宝宝能熟练地跳跃时，就可以相对提高难度，如，让宝宝抓住耳朵，像兔子一样蹦跳，或张开双臂进行跳跃。

站功比拼

效果：在狭窄的空间单腿站立，从而进一步增强身体的平衡感。

PLAY：

◎确保宝宝能在平地上进行单腿站立的基础上，将报纸对半折叠。

◎让宝宝试图单腿站在折叠好的报纸上面，计时，看宝宝能站多久。

◎当宝宝能持续站立10秒钟时，就可以再次对半折叠报纸。

◎用同样的方法继续折叠报纸，最后变成很小的四边形，让宝宝站立在上面。

◎注意宝宝左右脚的互换，且要考虑宝宝的脚步承受能力。

数学的神秘花园：提高数理能力

随着识字及语言理解能力不断增强，宝宝对数字开始有自己的感知。大脑里的数学细胞不断活跃，他能跟着大人以及电视里的数字歌进行练习，对最基本的数字有了认识，逻辑–数学智能开始迅速发展。

训练重点

◎教宝宝认识数字
◎让宝宝从生活发现数学
◎学习数数
◎逐渐体会数量单位

 数字拍掌

效果： 将数字记忆化，让宝宝掌握数和量的概念。

PLAY：

◎用画纸制作0~9的数字卡片。先教宝宝分别认识并记忆每一个数字，然后让宝宝依照顺序读一遍卡片上的数字。

◎将卡片装进口袋里。从口袋里拿出一张数字卡片，然后告诉宝宝依照相对的数字拍掌，例如，拿出的卡片是2，就拍两下。

◎宝宝对0~9能够辨识之后，再让他依照相对的数字堆砌积木。

十中选一

效果： 让宝宝掌握数和量的概念。

◎在红色、蓝色、黄色、绿色的积木中选择三种颜色，每种颜色的积木准备三个，然后再准备一个剩下一种颜色的积木。

◎把10个积木放在宝宝面前，然后引导宝宝学习数数的方法。

◎在各种有色积木中抽出1~3个，同时说出积木的数量，如1个红色积木、2个蓝色积木。

还剩多少个

效果： 数字训练在生活中无处不在，不断培养宝宝的数理意识。

◎用大盘子盛装10块饼干。

◎宝宝每吃一块饼干，就数一下剩下的饼干数量。

◎在游戏中以问答的形式引导宝宝："吃了一块，还剩下几块呢？还剩下九块哦！"

◎在往盘子里装饼干的过程中，引导宝宝一次说出1至10的数字。

数数的宝宝

效果： 数字训练在生活中无处不在，不断培养宝宝的数理意识。

PLAY：

◎给宝宝观看一些图文并茂的画册，同时与宝宝一起数数，数出画册中所出现的人物或者其他物品有多少个。

◎日常生活中，数数的游戏也可随时随地进行贯穿。如，当走楼梯时，问宝宝："我们家的台阶一共有多少层呢？"或"宝宝有几根手指呀？"等等。

生活中的科学：提高科学探索能力

宝宝自然观察智能在生活中无处不在地体现着，两岁的宝宝已经能根据自己的视觉所见，通过大脑的折射与思考，形成自己的思维。这些思维有可能只是简单的感知，甚至不一定完全正确，但这却是宝宝探索生活中科学的开始。

训练重点

◎训练宝宝的自主观察能力
◎让宝宝从生活中体会到科学
◎提升思考能力与速度
◎大胆猜测与想象

水滴到哪去了

效果：让宝宝在生活中，体验并理解奇妙的自然现象，从而挖掘宝宝的探索能力。

PLAY：

◎当下雨时，在保证安全的情况下，让宝宝伸出小手，试着去接雨滴。
◎引导宝宝观察手中的水滴的形状，同时与空中的雨滴的形状进行比较。
◎随着水滴慢慢消失不见，用话语引导宝宝思考："水滴哪里去了呢？"
◎然后以简单的话语，告诉宝宝挥发的原理，宝宝不一定能完全懂得，但会由此慢慢学会科学探索的习惯。

 ## 好动的影子

效果：通过事物的变化培养宝宝的观察能力。

PLAY：

◎天气晴朗的时候带宝宝到室外，或者在能制造光影的房间里。
◎让宝宝改变站立的位置或活动身体各部位，同时观察影子的变化。
◎向右或向左做举手、侧身、劈腿、弯腰等动作，同时观察影子的变化。
◎还可跟宝宝玩"踩影子"的游戏，让宝宝追着自己或爸爸妈妈的影子跑，从而体验其中的乐趣。

水也能画画

效果： 通过生活中的事件，培养宝宝的观察与思考能力，同时形成比较意识。

PLAY：

◎与宝宝一起到阴凉的户外空地，准备大小不同的画笔和大水杯。

◎在大水杯里盛满水，然后引导宝宝用画笔在地面、水泥墙或树根上画画。

◎让宝宝仔细观察水画的特征，引导他发现如果材料不同，那么呈现的颜色也不同。引导宝宝思索为什么画的画有些深，有些浅。

◎还可让宝宝观察随着水汽的蒸发，画面的颜色逐渐变淡的现象。

◎在游戏中给宝宝讲解其中的原理，让宝宝体会其中的妙处。

跟着惯性跑

效果： 让宝宝在游戏中体会惯性的特性，从而在跑步活动中有效避免摔倒。

PLAY：

◎选择一个空旷的地方，让宝宝尽情地跑动。

◎还可让宝宝依照妈妈的指令跑动，例如"用力跑"、"停止"、"慢慢地走"或"沿着圆圈跑"等，使宝宝逐渐学会跑步及运用跑步中的急停。

◎跑步时，妈妈要在旁边进行有效引导，并告之其如何避免因突然的停止而摔倒。

大脑小课堂

宝宝虽然容易对生活的一些变化充满好奇与探索的欲望，但这也需要爸爸妈妈进行有效的引导，从而让宝宝从一开始便获得正确的认识，有助于宝宝以后自己独立正确地思考生活中的各种事件。

双手的奇妙物语：手部的多元运用

　　双手是宝宝探索外界的重要工具，也是艺术与灵感的自由来源。宝宝通过对外界的自然观察，不断进行自我探索与发掘，让双手灵活地运动起来，这需要爸爸妈妈积极的引导与配合。

训练重点

◎引导宝宝探索手部艺术
◎让宝宝体会手的妙用

手指游戏 小手光影图

　　效果： 让宝宝利用光线与手的移动，制造各种不同形状的影子，培养其手部活动能力，同时提高观察力和探索能力。

　　PLAY：

◎关掉室内的照明灯，然后点亮手电筒或蜡烛。

◎给宝宝做示范，在手电筒、蜡烛和墙壁之间晃动双手。

◎鼓励宝宝进行模仿，并让宝宝观察映在墙壁上影子的形状。

◎还可根据具体情况，改变灯光的亮度或物体的距离，继续指引宝宝对影子的变化情况进行观察。

指尖的娃娃

　　效果： 用声音和手部动作的配合，表现不同人物的性格特征，借此培养宝宝的想象力，并提高语言能力。

　　PLAY：

◎准备一些厚彩纸、塑胶枪、胶带和剪刀等物品。

◎同宝宝一起，在厚彩色纸上画出童话故事里的主角，也可让宝宝自由发挥。

◎将纸片剪裁成扇形，卷成尖帽的形状，然后将画好的图案粘贴到尖帽形状的纸片上。

◎妈妈和宝宝分别把尖帽形状的纸片戴在手指上，然后扮演童话故事里的主角，做手指娃娃游戏。

 # 大手拉小手

效果： 在日常全家活动中，让宝宝体会关于长短的概念，同时通过按手印的动作，培养创造力。

PLAY：

◎周末或其他悠闲的时间里，爸爸、妈妈和宝宝并排坐在一起，让宝宝对不同的手进行仔细观察。

◎在画纸上，沿着妈妈和爸爸的手部轮廓，用笔画出手的形状。再让宝宝描出自己的手形。

◎让宝宝看着妈妈、爸爸和宝宝的手部图案，为他讲解大小和形状的概念。

◎用手沾上颜料，在白纸上按出手印，再次比较大小。

奇妙的手掌画

效果： 通过在宝宝手掌上作画，刺激宝宝的好奇心，同时培养宝宝创造性思维。

PLAY：

◎准备一次性塑胶手套，以及画笔和细线。

◎帮宝宝戴上塑胶手套，并用画笔在戴有塑胶手套的手掌上画画。

◎也可以让宝宝自己在手套上进行自由画画，体会不一样的感觉。

◎妈妈引导宝宝，用语言表达手掌接触笔尖的感觉。

◎取下画好画的手套，然后向手套里吹气，并用细线紧扎入口，装饰在宝宝的房间里。

大脑小课堂

巧妙利用双手的游戏可以很好地激发宝宝的兴趣和好奇心，当每一个新奇的游戏进行时，宝宝都能从中获得不一样的体验，这也是大脑智能的多元开发。所以，爸爸妈妈在这个过程中一定要起到很好的引导作用。

开动思维尽情想：创作力与想象力游戏

随着宝宝思维开发到一定程度，越来越多的创作力与想象力游戏都可以运用到大脑开发训练中。爸爸妈妈一方面要利用宝宝的好奇心，多方面活跃宝宝的思维；另一方面也要进行有效指导，从而取得更好的效果。

训练重点

◎开发宝宝思维能力　　◎促进手、脑、眼的相互配合

 ## 塑形训练　黏土大变形

效果： 通过黏土创作，培养宝宝自信心，同时提高创作力，培养美感。

PLAY：

◎准备黏土、各种图案的瓷砖、木筷、擀面棍、黏土专用刀、绳子、吸管和各式玩具。

◎间隔一定的距离摆放木筷，制成模具。在模具上放黏土，然后用擀面棍擀黏土，使之成为规整的长方体。

◎让宝宝依照自己喜欢的形状，用黏土专用刀随意塑形。

◎还可以让宝宝用绳子、吸管和玩具在黏土上印出不同的图案。让宝宝仔细观察，并比较每一个图案的相同与不同点。

完美印章

效果： 通过按手印或树枝形状的游戏，拓展宝宝的想象力，同时提高观察力和认知能力。

PLAY：

◎准备黏土、一截树枝和一块宝宝能拿得动的木板。

◎教宝宝用力拍打黏土，制作成平整的板状。

◎与宝宝一起在黏土板上按手掌印，引导宝宝进行观察和比较。

◎继续将树枝放在黏土板上，然后用木板轻轻地按压，然后拿开让宝宝发现其中的奥妙。

 组装练习 **解密变形金刚**

效果： 让宝宝开动脑筋完成各种格式的模型制造，促进思维开发，也进一步刺激小肌肉发育。

PLAY：

◎准备一套变形金刚的模型，与宝宝一起拼装。

◎一开始可给宝宝讲解组装方法，并展示给宝宝组装好的金刚图案。

◎如果宝宝不会安装，可以先由爸爸妈妈作示范，告诉宝宝具体要领。然后让宝宝根据自己的想法，自由变换其中的零件部位。

◎当宝宝做出不同的模型时，要适时地给予夸奖。如果未能顺利完成，则需要不断进行鼓励，为宝宝加油打气。

盒子火车

效果： 训练宝宝的动作技能，同时体会推与拉的动作，对形状进行理解和感知。

PLAY：

◎准备3个以上不同形状和大小的硬纸盒，去掉上面的盖子，用来做车厢。

◎在第一个和最后一个盒子的一面分别钻一个孔，其他盒子相对的两面上也要钻孔。

◎把一根长约15厘米的绳子从第一个盒子穿过去，与第二个盒子连起来后打一个结。其他盒子也以此类推，直到连到最后一个"车厢"。

◎让宝宝找些玩具放进"车厢"，然后拉着或者推着"火车"到处走动。

◎让宝宝把一些玩具拿出来再推拉"火车"，引导宝宝弄明白车上的负载减轻之后会怎么样。

大空间智能：空间感的进阶训练

宝宝越来越能适应更大的空间，因此在空间游戏中可相对加大难度，从而进一步提升宝宝的空间智能，以及与大脑其他智能合作的能力。

训练重点

◎训练宝宝的空间感知
◎促进立体感的培养

 ## 小孔藏珠

效果： 通过小孔藏珠的游戏，培养宝宝的立体感，并进一步形成"里面、外面"的概念。

PLAY：

◎准备一些黏土、大小适中的珠子和一双木筷。
◎与宝宝一起用黏土制作一个立方体，然后用木筷打几个孔。
◎将珠子之类的小玩具，埋藏在打好的小孔内。
◎引导宝宝巧妙地找出藏在黏土里的珠子。之后可反复进行。

大脑小课堂

宝宝在此类型的游戏中极容易获得完成后的成就感，但由于有时工作量较大，宝宝容易失去继续下去的兴趣。这就需要爸爸妈妈在游戏前及游戏中，不断增强游戏的趣味性。这个游戏也能培养宝宝坚持不懈的好品质。

 ## 我建的城

效果： 在筑城游戏中培养宝宝的想象力和表达能力，增强立体空间感。

PLAY：

◎准备黏土、珠子、木筷、树枝、汽车玩具和洋娃娃等。

◎用黏土块制作假山的形状，在"假山"中挖出一部分黏土，制作围栏。

◎用手指或木筷，在假山上画出一节一节的道路。

◎还可根据想象，制作一条贯穿假山的隧道，然后插上树枝。

◎可以引导宝宝进行想象，在泥块上插各种玩具，直到最后打造出一座宝宝满意的黏土城市。

学会分享：人际与内省智能训练

随着宝宝越来越喜欢与同龄的小朋友一起玩耍，他们也在游戏中逐渐建立起自己的人际观。爸爸妈妈在宝宝性格形成的过程中，需要给予正向的引导，让宝宝从一开始便具备分享的意识，从而进一步提升人际与内省智能。

训练重点

◎教宝宝乐于与人分享　　◎培养良好的个性与性格

一人分一个

效果： 让宝宝在游戏中学会与人分享，同时提升数字概念，加强精细动作技能。

PLAY：

◎准备一些纽扣、蜡笔，以及其他任何可以分的东西，两三个盒子或盘子。

◎把准备的物品开始分配，一边说"你一个，我一个"，一边把这些东西分别放到爸爸妈妈和宝宝的小盒子或盘子里。

◎还可让其他的小朋友加入其中，鼓励宝宝将物品分给他人。

◎让宝宝练习将各类东西根据人数分成N份，一边分一边数数，使宝宝巩固数字概念。

宝宝待客了

效果：提升宝宝语言、交流能力和协调能力，教宝宝掌握一定的礼仪。

PLAY：

◎ 准备一套塑料茶具、一个塑料大碗，以及适量的水。

◎ 天气晴朗时，带上这套塑料茶具到户外去，并在一个塑料大碗里装上水。

◎ 将自己假扮为"喝茶"的顾客，教宝宝如何欢迎你，怎样给你让座。

◎ 鼓励宝宝把茶壶装满，给你倒茶，增强宝宝的协调能力。

◎ 还可与宝宝进行"干杯"游戏，教宝宝如何碰杯，并从中体会到乐趣。

大脑小课堂

　　宝宝在分享游戏中扮演着的是小主人的角色，这是宝宝喜欢的感觉。同时，学会与他人分享，由被动变为主动，让宝宝在今后的交往中有更好的人际关系。

让宝宝爱上读书

当宝宝视觉能够自由活动时，各式各样的书本便进入宝宝的视野之中。从最简易的插图画本，到图文并茂的图卡，进而到写满注音文字的书籍……如何让宝宝对书本有更浓厚的兴趣，如何让宝宝从小爱上读书？

☆ 灵活运用宝宝的第一本教材画册

对刚出生的宝宝而言，画册可能还只是一种玩具。随着视觉神经的不断发育，画册便责无旁贷地担当起了第一本教材的神圣职责，不断培养宝宝的独创性思维，逐渐提高他对实物的关心程度和对生活的观察能力。爸爸妈妈应该让宝宝在画册的世界里自由翱翔，为他插上阅读的翅膀。

☆ 爱上诗词，腹有诗书气自华

无论是儿童诗歌还是文学诗，都可以像唱歌一样吟诵。0~3岁的宝宝，对富有节奏感的声音会表现出强烈的反应，因此尤其喜欢听妈妈念有节奏的诗。每当念到"漂亮"、"幸福"、"悲伤"等情感类词汇时，应让宝宝尽力感受这些词汇的内涵。听着诗词长大的宝宝，容易变得感性而且喜欢读书。

☆ 让每一本书的用途都落到实处

宝宝对念书有特殊的兴趣，所以通常睡前和白天玩耍时，都是念书给他听的好时机。而每一本书，都有着各自的不同意义，爸爸妈妈应根据书的内容，进行合理利用。如，当宝宝睡前时，应该选择能够让宝宝不断发挥想象力的故事书；在白天，妈妈和宝宝可以充分交流时，选用能看图说话的画册，边看边对话。

☆ 让宝宝对书留有美好的回忆

人的记忆是有选择性的，在教育过程中，让宝宝对书留有美好的回忆，他就会更喜欢阅读。安静整洁的书店是爱上读书的最好去处，日常生活中，可经常带宝宝去书店挑选书本。或者经常抱着宝宝愉悦地看书，宝宝就会认为书是让人快乐的东西，因此会自然地亲近书本。

Babies Who Can Take Care of Theirselves: 31~36 Months Old
照顾自己：31~36个月

基本技能表现

多数宝宝能做到
· 语言理解能力得到进一步加强
· 能接受简单的道理
· 希望接触各种各样的事物，
乐意从大宝宝那里学习玩耍的方式
· 手眼协调能力不断加强

少数宝宝能做到
· 能非常利索地跑步，还能用单脚跳着走
· 能背诵许多儿歌了，
并能用复杂的句子表达自己的意图
· 能画一些简单的图形
· 会根据日常生活中的所见所闻，
提出自己的疑问

半数宝宝能做到
· 具备基本的生活自理能力
· 能帮助爸爸妈妈做简单的劳动
· 喜欢参加社交活动，
尤其愿意参与年龄相仿的幼儿之间的活动
· 学会基本的爱心知识，懂得与他人分享

　　宝宝即将跨入3周岁的行列，很多基本动作现在都已经成为他的第二天性，注意力能集中更长时间，在许多方面俨然是个小大人了！他对大人的标准和行为已经有了基本的意识，越来越能意识到不同的情绪状态。同时，他的天性开始越来越多地表现出来，对社交更感兴趣，初步懂得友谊的意义。

　　此时，宝宝的大脑开发游戏，不仅在语言、逻辑–数学等智能上需要不断加强，更要着重针对宝宝的人际智能、内省智能进行训练，从而为宝宝进入幼儿园做好充分准备。

词汇游戏：识字能力进阶训练

两岁半的宝宝，已经能对部分简单文字进行辨识，并随着他逐渐长大，认识的字越来越多。这个阶段，若能对宝宝的识字能力进行持续加强的训练，将大大提升宝宝的语言智能，宝宝离自主阅读的时期也即将不远了。

训练重点

◎加强宝宝的语言文字学习　　◎提升宝宝对文字与阅读的兴趣

 ## 拍拍更欢乐

效果： 让汉字与数字学习相互统合起来，训练节奏感，同时加深宝宝对名词的理解能力。

PLAY：

◎准备词汇卡片展示给宝宝看，教宝宝辨认汉字的数量。通过语言引导宝宝，按照卡片上汉字的字数进行拍掌，还可以同时跺脚。

◎为了吸引宝宝的兴趣，应该从由两三个字所组成的简单词汇开始练习，如小猫、苹果等，然后逐渐增加字数。

◎当宝宝对游戏熟悉后，还可配合小鼓、小型三角铁等乐器进行拍打计数。

五颜六色的字

效果： 通过对文字的显隐游戏，刺激宝宝的好奇心，提升宝宝的观察能力。

PLAY：

◎准备写字的工具以及各种颜色的彩笔，妈妈在白色画图纸上，用白色蜡笔写出需要练习的字。

◎用话语引导宝宝，吸引宝宝的注意力，如"看，宝宝喜欢的字不见了，快出来吧"。

◎之后和宝宝一起涂抹宝宝所喜欢的颜料或颜色，直到彩色的字显现出来。

◎然后教宝宝念，并跟宝宝一起大声朗读，最后让宝宝单独念一遍。

 **买卖游戏**

效果：教宝宝认识一些新字，同时将以前学过的字复习一遍。

PLAY：

◎准备一些识字卡，宝宝和妈妈分别扮作买家和卖家，角色可互换，将所有识字卡放在卖家的前面。

◎买家看到识字卡里的某个字，如"王"字，就告诉卖家："我想买个'王'字，多少钱啊？"

◎卖家就把"王"字从识字卡里挑出来，说："'王'字在这儿，1块钱。"

◎如果想锻炼宝宝的理财能力，还可以引导与宝宝进行讨价还价。

图片捉迷藏

效果：通过宝宝在寻找实物图片的过程中，让其自然地接触实物的名称，从而提升他文字感受能力。

PLAY：

◎准备印有水果或动物图案的图片，用白纸覆盖图片。

◎妈妈念出平常宝宝熟悉的名称，让宝宝寻找图片，如："苹果藏在哪里呢？"如果宝宝找出苹果，就应该对宝宝说："哇，原来苹果在这里啊！"

◎如果宝宝找不出来，就可以挪开白纸对宝宝说："哈哈，苹果在这里。"

◎此游戏可以反复进行，还可让宝宝自行练习。

大脑小课堂

对于宝宝而言，通常都是"先说话，后识字"，当宝宝能自如说话时，爸爸妈妈要巧妙利用图卡进行快乐教学，不断提升宝宝识字的兴趣，让宝宝的生活丰富多彩，学中有玩，玩中有学。同时要持之以恒，并且注意平时积累，以此让宝宝变成"识字高手"。

灵活的手指花样多：增强手指觉知能力与灵活度

　　宝宝的动手能力随着大脑与身体不断发育，手指灵活性持续增强。在创造力的驱动下，宝宝总是希望挑战更有难度的手指操作游戏。

训练重点

◎进一步训练宝宝手指操作能力
◎培养宝宝的创造性思维

 ## 宝宝自制画册

　　效果：通过画画、编故事的过程，促进宝宝的想象力和表达能力的提高。

　　PLAY：

◎收集一些宝宝喜欢的故事书或卡通图片，制作成画册，根据画册内容，跟宝宝一起编故事。

◎还可介绍书中的内容，引导宝宝亲手画画，然后依照一定的顺序制作画册。

◎游戏中，宝宝可充分发挥自己的想象力，妈妈要进行恰当的鼓励。

小剪刀出精品

　　效果：让宝宝学会剪刀的操作，从而提高宝宝的注意力和动手能力。

　　PLAY：

◎准备一些不同厚度的纸和儿童专用剪刀，告诉宝宝："我们今天来玩剪纸游戏。"

◎一开始，可以剪裁不规则的形状，让宝宝任意剪裁自己喜欢的图案。

◎等宝宝熟练地使用剪刀后，可以给宝宝一张长条纸，让宝宝把长纸条剪裁成小块。

◎从剪四边形开始，逐渐提高难度，让宝宝剪出更加精巧的图案。

 实物运用

亲手做贺卡

效果： 在制作卡片的游戏中，提高宝宝眼睛和双手的协调能力，同时培养对文字的兴趣。

PLAY：

◎准备一些画纸、胶水、彩色笔、蜡笔、写字笔等物品。

◎将画纸剪裁成不同大小的纸片，然后对折成卡片。

◎让宝宝在最外侧的纸片上，写上宝宝认识的简单的文字或词汇，或者画喜欢的图案，制作感恩卡片或祝贺卡片。

送给你的礼物

效果： 在包裹物品的过程中，活动宝宝的手指，并锻炼宝宝大肌肉和小肌肉的力量。

PLAY：

◎准备一些不用的报纸、包装纸、彩色纸、装饰带和胶水。

◎教宝宝用报纸或彩色纸包裹宝宝的玩具。

◎由妈妈给宝宝做示范，然后引导宝宝亲手尝试。

◎包装好玩具后，用装饰带装饰，或者贴上彩色纸。

◎等玩具包装好后，可再让宝宝重新打开包装，并告诉宝宝如何巧妙地拆开而不弄破包装纸。

 大脑小课堂

手指活动游戏中，可适当地加入情感表现，如制作送给妈妈的礼物，引导宝宝有目的性地去完成某件物品，从而增强宝宝成功完成的动力。

亲手做玩具：自由创作与自信心的培养

在手指活动能力不断灵活的情况下，宝宝还可以进行更高级的创作游戏。这时，可以利用家中一些废置的玩具，让宝宝充分发挥创造力和想象力，制作更多有趣的新玩具。

训练重点

◎充分调动宝宝的创造力和想象力
◎增强宝宝的自信

 静物制作 废物雕塑

效果： 在废物雕塑游戏中培养宝宝的动作技巧，增强其对形状的理解能力。

PLAY：

◎准备一堆空的包装物，如鸡蛋盒、酸奶杯等等；胶水、彩色纸胶带、小贴画和其他装饰物。

◎用报纸盖住桌子，把准备的物品摆在上面。

◎告知宝宝今天要做什么，也可让宝宝自己决定并自由发挥。

◎引导宝宝先将大件物品粘合起来，形成基本框架，之后让宝宝根据自己的想法自由粘贴。

◎当他对自己创作的作品满意时，就利用小件物品进行装饰。

◎还可粘一些小贴画，或从杂志上剪下来的图片，将会收到更好的效果。

活力兔子

效果： 提升宝宝的画画能力，促进创造力的充分发挥。

PLAY：

◎准备汤匙、彩色画纸、画笔、牙签、像月牙一样弯弯的玩具眼睛、装饰带、泡棉球、花瓣。

◎在彩色画纸上画出兔子的耳朵状态，并剪裁出来，然后用画笔沿着椭圆形的边缘给耳朵的中间部位涂上色。

◎用胶带把上完色的兔子耳朵贴到汤匙背面的上方两侧。

◎在泡棉球两侧分别插上3根牙签，然后把泡棉球贴到汤匙的突出部位。

◎把弯弯的玩具眼睛贴到带有牙签的泡棉球上方，用装饰带装饰耳朵的下方。

◎在泡棉球下方贴上花瓣，就制成了兔子的嘴。

全身动起来：身体-动作智能全开发

自由自在的全身运动对此时的宝宝而言已经并非难事。他向往着更为广阔的天地，交往范围也不断扩展。但是，有些宝宝可能对运动缺乏兴趣，爸爸妈妈可以言传身教，与宝宝一起运动，从而形成良好的运动习惯。

训练重点

◎培养良好的运动习惯　　◎促进全身运动与协调能力提升

一起做运动

效果： 在各种运动中增强宝宝身体协调能力，帮助宝宝培养健康的运动习惯，并促进亲子之间的感情。

PLAY：

◎可带宝宝参加一些正式的运动训练，如报名参加游泳班、舞蹈班等。也可在生活中随意地与宝宝一起进行运动游戏。

◎出门的时候，如果可能，尽量不坐车，带宝宝一起走路，或者小跑。

◎在家的时候，让宝宝和爸爸妈妈一起做瑜伽练习，或者跟着电视做运动，又或是打开音乐，让宝宝和你一起跟着基本的节拍活动身体。

扔球与接球

效果：让宝宝进一步接触球类运动，在游戏中学会扔与接的动作，并学习与人分享。

PLAY：

◎准备一个很轻的球，由爸爸妈妈或其他小朋友一起玩接球游戏，慢慢增加人数。

◎一开始彼此之间要站得非常近，轻轻地把球扔给宝宝。

◎准备好等他扔回来，就马上做接的动作。

◎当宝宝能较好地完成接球动作时，就可以试着从远一点儿的地方把球扔给他。

◎如果最初宝宝接球还存在一定困难，可用气球进行游戏。

◎记得适时地进行夸奖和鼓励，避免挫败感，这样宝宝才更有动力。

看看谁更快：反应能力训练

宝宝的思维和身体发育都已经达到一定的程度，在面对外界的指令时已经有很好的反应能力。同时，他们在游戏中，越来越具备通过自己的思考进行决断的能力，对游戏规则也逐渐形成自己的意识。

训练重点

◎训练宝宝的反应能力

◎让宝宝逐渐适应并遵守游戏规则

石头剪刀布

效果： 培养宝宝的观察能力、判断能力、训练反应能力与手指协调能力，同时让宝宝具备输赢概念。

PLAY：

"石头、剪刀、布"是一个非常传统的游戏，通常都是用来决定由谁先开始一个游戏。

◎首先将游戏规则详细地告诉宝宝。向宝宝说明，石头、剪刀、布是你或宝宝需要出的三种手型。石头是拳头，剪刀是V字手势，布是把手掌摊开。

◎以具象的方式，让他明白三者之间的关系。

◎教宝宝先握拳，嘴里喊"石头、剪刀、布"，在说到"布"的时候，就要把手型做出来。

◎熟练之后，可让宝宝自己喊出口令。还可加入一些小小的惩罚措施，以增强游戏的吸引力。

走走停停

效果： 爸爸妈妈与宝宝共同完成此游戏，训练宝宝的反应能力和协调运动能力。

PLAY：

◎首先让宝宝了解"停"与"走"的指令概念。

◎爸爸先担当"交通警察"，举旗表示停，放下旗子表示走。

◎同时要求宝宝看旗的位置和听口令做出相应的动作。

◎当宝宝了解游戏规则后，还可让宝宝和爸爸交换角色，让宝宝当"警察"，爸爸听指挥。

情感宝库：亲子感情大递进

　　3岁的宝宝越来越能意识到不同的情绪状态，对于身边的感情有了更为深刻的感知与判断。这个阶段，宝宝会渐渐表现出好恶区别，情感会更倾向于陪伴自己更多的爸爸或妈妈。所以这个阶段父母更应该关注宝宝的情感教育，多与宝宝一起玩游戏，从而增进亲子之间的感情。

训练重点

◎ 促进宝宝多重智能的统合
◎ 培养和增进亲子之间的感情

 月光宝盒

　　效果：通过对过去的回忆，一起重温家人的成长足迹，增进宝宝的语言能力，培养爸爸妈妈与宝宝间的亲情。
　　PLAY：
◎ 整理全家人以前的，以及与宝宝在一起的比较有纪念意义的照片、视频以及衣服等珍贵物品。
◎ 找一个安静的午后或傍晚，把宝宝抱在怀里，最好爸爸妈妈和宝宝一起，看爸爸妈妈小时候的照片或者是结婚时的视频等等。
◎ 也可以给宝宝看他"小时候"的照片和视频，比如刚出生时的模样、喝奶的情景和学走路的经过等等。
◎ 一边看，一边给他讲解，让他猜猜照片上的人是谁，以及这个人正在做什么。
◎ 可以隔一段时间便进行这个非常温馨的亲子游戏，宝宝会看得饶有兴味。

家庭照相馆

效果： 教宝宝用简单的句子表达亲身体验的事情，同时可以增强宝宝对亲子之间活动的感受。

PLAY：

◎准备一些彩色纸，并在上面粘贴和宝宝一起拍的照片。

◎让宝宝看着照片，并与宝宝一起造短句，例如"妈妈和宝宝在一起"、"爸爸带宝宝去动物园"等。

◎然后在照片下面写下宝宝的造句，应该从简单的短句开始，逐渐增加词汇量。

◎平常可随时随地指着照片进行询问，让宝宝在回顾中不断提升语言能力。

听妈妈讲故事

效果： 增进宝宝与妈妈之间的感情，同时培养宝宝的想象力与语言交流能力。

PLAY：

◎准备一些宝宝经常听或喜欢听的CD音乐进行播放。

◎可以随心所欲地编一些小故事，并让宝宝参与其中。

◎还可把里面的人物设置成是宝宝或者他最喜欢的形象，比如喜羊羊。

◎时不时地停下来问问宝宝，他有没有什么要补充的。在音乐的感召与启迪下，你会发现自己和宝宝的灵感都非常多。

◎除了故事情节，还可给宝宝描述不同的音乐都表现了什么，让宝宝具备双重感知。

一起学儿歌

效果： 用画面和文字表示宝宝喜欢的儿歌，加深宝宝的记忆能力。

PLAY：

◎把宝宝喜欢的儿歌或卡通主题曲写在图画纸上。

◎与宝宝一起分别画出相对应的图案。

◎然后将歌词和图案粘贴到墙壁上。闲暇的时候，看着歌词给宝宝唱儿歌。

◎经过一段时间，等宝宝熟悉儿歌后，就可以和妈妈一起唱了。

数学魔术游戏：数学-逻辑智能进阶训练

此时的宝宝已经对数字有一定的概念，也能在生活中较好地将所学的数学知识融入进去。所以，此时爸爸妈妈可以进一步引入更多的数量关系，在数学游戏中让宝宝的数学-逻辑智能得到进一步的开发。

训练重点

◎巩固宝宝对数字的学习　　◎培养宝宝对数量关系的敏感

1、2、3……

 数字运用
递减爬坡

效果：让宝宝练习数数，发展语言表达能力，同时提高手脚协调用力的技能。

PLAY：

◎把宝宝带到有一定坡度的草地上，如小区的绿化区或是附近的公园。

◎让宝宝双脚着地，依次向上爬10步，向下爬9步，然后再向上爬8步，向下爬7步……直至数到0为止。

◎在爬的时候，引导宝宝每爬一步都要数"1、2、3……"。

◎爸爸妈妈要与宝宝一起参与，且随时给予鼓励。

杯子运沙船

效果：通过杯子装沙的游戏，让宝宝从中学到数的概念。

PLAY：

◎准备一些适合游戏的沙子，以及大小盆子。教宝宝用杯子往盆子里装沙子。

◎在游戏中，不断用语言引导宝宝进行数的思考，如："如果用杯子装沙子，要几杯沙子才能将小盆子装满呢？"

◎让宝宝亲身体验，并注意观察需要几杯才能装满，妈妈可以在一旁为宝宝生动地解释量的概念。

◎还可以提问："要挖空小盆里的沙子，需要挖几次呢？"然后让宝宝一边挖沙子，一边数挖沙子的次数。

区分大与小

效果： 通过对具体物品的盛装，给宝宝展示数量和体积的变化，从而提高观察能力。

PLAY：

◎在家中，分别准备各种不同大小的容器和豆子、米和水。

◎跟宝宝一起，在容器内盛装上述的材料。

◎盛的过程中，可向宝宝提问，引起他的兴趣，如："把小杯子的水倒入大杯会怎么样呢？" "这个汤匙能装多少米呢？"

◎在游戏过程中还可以提出各种不同的相关问题，从而让宝宝了解不同的实物和不同容器之间的关系。

积木天平

效果： 让宝宝接触到天平或秤之类的量重物品，从中体会到重量单位的概念。

PLAY：

◎准备不同大小类型的积木，以及一个简易的小天平。

◎首先让宝宝仔细观察天平的构造，注意平衡时候的状态。

◎引导宝宝往天平的一端放置准备的物品，看天平的倾斜状况。

◎再教宝宝往另一端放东西，告知宝宝简单的原理，让宝宝往两端放置不同的物品，直到保持平衡。

◎让宝宝观察两端物品的大小，并引导他注意观察体积大的积木是否更重。

怎么才能平衡呢？

大脑小课堂

逻辑-数学智能的完美开发，将让宝宝变得更加聪明，这也是宝宝大脑发育的一项重要过程。

比一比，大不同：训练比较和分类意识

宝宝的数理能力不断增强，对生活中的事物开始自觉或不自觉地形成训练比较和分类意识。这个阶段可以对宝宝的这方面智能进行很好的游戏训练。

训练重点

◎树立宝宝的比较意识　　◎增强宝宝数量关系意识

根据形状找朋友

效果： 让宝宝熟悉各种形状，成功完成分类，培养色感。

PLAY：

◎用不同颜色的硬纸板分别制作两个圆形、两个三角形和两个四边形。另外，再准备圆形饼干、三角形饼干和四边形饼干。

◎给宝宝看圆形、三角形、四边形等各种形状，并提供让宝宝独自探索的时间。

◎告知宝宝："我们来帮圆形找朋友吧！"然后鼓励宝宝将圆形物品找出来。

◎在日常生活中，可以经常跟宝宝一起玩寻找相同形状物品的游戏。

摆餐桌游戏

效果： 让宝宝在帮助妈妈的过程中获得成就感，同时掌握"多"、"少"、"大"、"小"等概念。

PLAY：

◎准备晚饭时，让宝宝帮忙摆饭碗、汤匙、筷子。

◎让宝宝摆3个汤匙、6支筷子、3个饭碗，宝宝就能从中学习数字。

◎告诉宝宝："爸爸需要三大匙饭，而宝宝只需要一大匙饭。"通过此游戏，让宝宝学习数量的概念。

3个饭碗
6支筷子……

双胞胎在哪?

效果: 通过该游戏进一步训练宝宝在生活中寻找相似物品的能力,同时培养一和二的概念。

PLAY:

◎日常生活中,可随时随地引导宝宝对身边相似的事物进行观察。

◎用问答形式引导宝宝思考,如:"有哪些物品形状一模一样呢?""一双筷子完全一样。""有哪些物品形状一模一样呢?""宝宝两只眼睛一模一样。"

◎一边唱着歌一边寻找房间内形态相同的实物。

由大到小排座座

效果: 通过大小不同的水果或娃娃,宝宝能熟悉"大"和"小"的概念,而且能自然地掌握顺序的概念。

PLAY:

准备大小不同的球或娃娃,然后依照大小顺序摆放物品。如,可以让宝宝摆放小番茄、橘子、苹果等大小不同的水果,借此学习大小和顺序的概念。

猜猜下一个

效果: 让宝宝依照一定的规则,反复排列不同形状的实物,从而提高宝宝的数理能力。

PLAY:

◎与宝宝一起,依照一定的顺序交替摆放小球和积木。

◎然后详细告诉宝宝,摆放小球和积木的规则。由妈妈摆放积木、小球、积木以后,让宝宝选择下一个摆放的物品。

◎当宝宝对游戏熟悉到一定程度后,可逐渐增加物品的数量。

下一个该摆什么呢?

做自己的小主人：培养生活自理能力

个人生活能力即生活自理能力，包括睡觉、吃饭、大小便、个人卫生等方面。在培养宝宝的生活自理能力的同时，宝宝会获得许多好习惯，也可学习许多本领。因此，培养宝宝生活自理能力是全方位的心智训练，可促使宝宝养成良好的生活习惯，提升宝宝的社会适应及学习能力。

训练重点

◎培养宝宝养成良好习惯　◎训练宝宝的生活自理能力　◎增强宝宝的自主意识　◎提升宝宝的社会适应及学习能力

 生活自理

宝宝衣服自己穿

效果：让宝宝学着自己穿衣脱衣，培养自理能力。

PLAY：

◎宝宝临睡前，帮宝宝把纽扣、带子解开，让他自己脱衣脱裤。

◎早晨起床，爸爸妈妈帮宝宝穿上部分难穿的衣服，让他自己穿容易穿的，如自己套好裤子并提好、拉好。

◎当宝宝表现好时，要及时表扬，并坚持让他自己做。

◎等宝宝动作逐渐熟练后，鼓励宝宝全部自己完成。

大脑小课堂

宝宝的生活自理能力体现在方方面面，如果不进行良好的教育，就会不自觉地养成一些坏习惯，不仅影响宝宝的生长发育，而且严重影响宝宝今后的社会适应能力和学习能力。相反，宝宝的生活自理能力越早独立完成，越有利于宝宝成长。

衣裤保持原样

效果： 通过对衣服的折叠和整理，培养宝宝良好的自律意识和习惯。

PLAY：

◎爸爸妈妈先做示范，教宝宝脱下衣裤并折叠整齐，摆放在固定的位置。

◎并告知宝宝，每次换下衣服都要自己折叠摆放好。

◎平时可让宝宝帮忙折叠小衣服，如背心、裤子之类，并让宝宝把袜子配成双。

◎最初宝宝若做得不好也不要批评，重要的是培养他良好的自理意识和习惯。

爱干净最可爱

效果： 训练宝宝进食前、便后及手弄脏后都要洗手的好习惯。

PLAY：

◎爸爸妈妈在洗手时示范具体动作，让宝宝在一旁观看。先用水冲，再打点肥皂，手心手背搓一搓，再用水冲干净，最后用毛巾擦擦。

◎示范完毕之后指导宝宝自己洗手。

◎宝宝洗完后，带宝宝去放毛巾的地方，取宝宝毛巾擦手，教其用一只手拿好打开的毛巾，把另一只手的手心、手背擦干，再换手进行。

◎注意宝宝的毛巾应小一些，挂得低一些，以方便宝宝取放。

习惯养成 宝宝不挑食

效果： 在食物的选择上培养宝宝的自制力，从而促进宝宝身心健康发育。

PLAY：

◎吃饭时，引导宝宝肉、菜、米饭等各种食物都吃。

◎如果宝宝不爱吃青菜，爸爸妈妈可以讲小白兔的故事："小白兔特别喜欢吃青菜，每天吃好多好多，吃得可香甜呢。"以此刺激宝宝吃青菜的兴趣。

◎每次吃零食前应与宝宝协商好吃多少，逐步使其遵守约定，表现出良好的自制力。

做个爱干净的乖宝宝。

简单劳动：生活中的现场体验教育

宝宝越来越可爱，不仅自己身体活动能力变得更强，还能考虑到为爸爸妈妈分忧解难了。爸爸妈妈们可以利用宝宝的这个心理，让宝宝参与到他力所能及的劳动中来，从而养成劳动以及乐于助人的好习惯。

我是妈妈的小·帮手！

训练重点

◎培养宝宝养成良好习惯
◎鼓励宝宝形成乐于助人的意识
◎提高宝宝的协作意识
◎增强宝宝社会交际能力

厨房小帮手

效果：让宝宝在学习洗碗的游戏中，培养社会化技能，并进一步提升动作技能。

PLAY：

◎准备基本的洗碗用品，最好是不易碎的。

◎先在地上铺好报纸或旧毛巾，把要洗的碗碟和锅放在洗碗盆的旁边。

◎在盆内注入温水，然后让宝宝放一点洗碗剂，并让他仔细观察是怎样用手搅水弄出泡泡的。

◎让宝宝往洗碗盆里面放碗碟。告诉他，他每洗好一件，就可以把那一件拿出来放到滤水架上去控干。

◎等全部洗完后，只要擦干再收起来就行了。并夸奖宝宝："宝宝干得真棒！"

超市小能手

效果： 提升宝宝乐于助人的意识，同时促进宝宝的观察力和分类能力。

PLAY：

◎爸爸妈妈事先列好要去超市购买哪些商品，准备好相应的图片，贴在购物清单上。

◎到超市以后，让宝宝拿着清单按图寻找，找到需要购买的商品。

◎可以告知宝宝超市各个区域的不同特征，引导宝宝进行寻找。

◎当宝宝找到后，要进行夸奖和鼓励，让宝宝获得成就感。

◎这个游戏可以让宝宝忙个不停，无暇吵闹，宝宝也会从中得到很多意想不到的快乐。

社交体验：良好礼仪的训练

每个宝宝都寄托着爸爸妈妈的希望，即成为人见人爱、有人缘、守规矩、有修养的小绅士、小淑女。这就需要从日常生活的点点滴滴入手，让宝宝逐渐学习到社交的礼仪，养成讲文明懂礼貌的好习惯，从而获得人际交往的"通行证"。

训练重点

◎对宝宝进行基本礼仪的训练　　◎让宝宝形成良好习惯　　◎培养宝宝的自主意识　　◎增强宝宝社会交际能力

说话技巧 爱上打招呼

效果： 使宝宝意识到招呼的重要性，形成良好的礼貌习惯。

PLAY：

◎在家可以经常跟宝宝玩打招呼的游戏，让宝宝与爸爸妈妈互相打招呼，树立招呼意识。

◎带宝宝外出，见到认识的人，教会宝宝说："叔叔好或阿姨好。"

◎当对方赞美宝宝时，爸爸妈妈也要及时附和，肯定宝宝"有礼貌、真乖"。

◎鼓励宝宝的同时继续督促宝宝这样做。

◎经过慢慢的练习，宝宝见了熟人就会自觉地打招呼了。

文明说话

效果： 从小学会文明礼貌用语，培养礼貌待人的好习惯。

PLAY：

◎从小爸爸妈妈就要言传身教，示范宝宝各种基本说话礼仪。

◎当宝宝能自如说话时，鼓励宝宝一定要将礼貌用语表达出来。如，爸爸妈妈反复告诉宝宝，接受了别人的帮助或礼物时，应该说"谢谢"；需要或希望得到别人的帮助，先对人家说"请"；做错事情、惹了麻烦或影响了别人，应该说"对不起"……久而久之，宝宝就能在学说话的第一时间内，使用礼貌语言，且印象深刻，从而避免走弯路。

好客的小主人

效果： 宝宝在学习待客的过程中，体验小主人意识，从而增强人际交往能力。

PLAY：

◎每当家里有客人来，爸爸妈妈可利用这个机会训练宝宝礼貌待客。如，在客人进门的时候，教宝宝舞着小手说"欢迎"，甜甜地问声好，还可放手让他自己摆糖果、拿饮料。

◎如果有小朋友来，提醒宝宝主动拿出自己的零食、玩具、图画书和小朋友一起分享，不和小朋友争吵。

◎也要告知宝宝，不要借着小客人在提一些额外的要求，或无理取闹。

爱笑的宝宝

效果： 爱笑的宝宝运气通常不会太差，让宝宝学会微笑，展示自己最友善的一面。

PLAY：

◎日常生活里，经常跟宝宝微笑，并灌输微笑意识，让宝宝知道微笑时的脸是最好看的脸。

◎经常逗宝宝"笑一笑"，鼓励他多在家人面前、在熟人面前笑。

◎时刻提醒宝宝，微笑是向人表示友好的一种方式，让宝宝爱上微笑，从而变成一个爱笑的宝宝。

听，有人在说话

效果： 让宝宝形成在他人说话时要礼貌安静的意识，让宝宝懂得尊重他人，同时学会倾听。

PLAY：

◎在家人讲话或爸爸妈妈和客人谈话时，告知宝宝，在别人说话的时候要注意倾听，不能大声喧哗，也不能中间插嘴。

◎提醒宝宝，平时和大人说话，要看着对方的眼睛、认真听，不可随意走开。

◎如确实有事，可先拉拉大人的衣服，或以目光示意，得到允许后说出自己的想法，切忌大吵大闹。

◎让宝宝懂得这样做是对他人的尊重，而以尊重为前提，凡事会更顺利。